Jo Pestum

Zugeschnappt

Jo Pestum

ZUGESCHNAPPT

Ein Joker-Krimi

Thienemann

»Zweifel ist kein angenehmer geistiger Zustand, aber Gewissheit ist ein lächerlicher.«

Voltaire

Spuk im Abendnebel

Nach den Kurznachrichten und dem Wetterbericht schaltete Hoppy das Radio aus und verließ das Haus zum abendlichen Kontrollgang. So machte er es jeden Tag. Hoppy Matzek war ein Gewohnheitsmensch und liebte feste Bräuche. Lodenjoppe, Pepitahütchen – dann die Krücke unter die linke Schulter geklemmt. Und wie immer schloss er die Tür des Landhauses sorgfältig hinter sich ab, obwohl Grete im Wirtschaftsraum beim Bügeln war und die gewaltige Dogge vor dem Sandsteinsockel des offenen Kamins in der Diele döste.

Die Dämmerung hatte eingesetzt. Hoppy humpelte die Auffahrt hinunter, umrundete die Zierbeete des parkartigen Gartens, warf prüfende Blicke hinter Ligusterhecken und zwischen Rhododendronbüsche und schaute auf der Rückseite des Hauses auch in den leeren Swimmingpool. Die drei Stufen, die zur kleinen Wiese und zum Stall- und Scheunentrakt führten, machten ihm Mühe: Rheumawetter. Und das kaputte Bein. Hoppy scheuchte mit der Krücke die Schwarzdrosseln aus dem Laubhaufen, den er am Vormittag unter dem Kastanienbaum zusammengeharkt hatte.

»Alles in Ordnung«, sagte Hoppy. Er führte oft Selbstgespräche. Mit Grete gab es nicht viel zu reden.

Jetzt galt es, die Ausrichtung aller Kameras der Alarmanlage zu kontrollieren. Das nahm viel Zeit in Anspruch. Das weitläufige Anwesen war von einer hohen geweißten Ziegelsteinmauer umgeben und an acht Stellen hatte man zusätzlich zu den Lichtschranken Beobachtungskameras installiert. Der Bildschirm befand sich im Arbeitszimmer.

»Alles in Ordnung«, sagte Hoppy.

Mit der Fernbedienung zielte er auf die elektronische Automatik des Einfahrttores. Als die Metallflügel surrend auseinander fuhren, sah Hoppy den Jungen mit der Ledermütze. Er hockte auf dem Brückengeländer und fummelte am Lenker seines Rennrades herum.

Zuerst ließ Hoppy das Tor hinter sich zufallen, dann rief er: »Du weißt doch, dass du dich hier beim Uhlenhof nicht rumtreiben sollst! Los, verpiss dich! Wenn der Boss dich erwischt …«

Der Junge spuckte seine Zigarette in den Bach und lachte meckernd. »Ihr Boss kann mich mal kreuzweise! Das ist hier 'ne öffentliche Straße, oder? Ich kann hier sitzen, bis ich schwarz werde, wenn ich Lust dazu habe. Dass das mal klar ist. Und von Ihnen lass ich mich sowieso nicht anmachen.«

»Ganz ruhig bleiben!«, sagte Hoppy. Das sagte er zu sich selber. Dann schrie er über die Schulter: »Ich hab dich gewarnt, Jungchen!«

So rasch er konnte, hinkte Hoppy den Wiesenweg hinunter. Er wusste natürlich, warum der Junge vor dem Anwesen herumlungerte, er wusste auch, dass es Zoff geben würde, wenn der Boss den Jungen sehen würde. Hoppy hasste Ärger. In den Erlen zeterten Eichelhäher, aus dem Weideland stiegen Nebelschlieren auf. Es war, als atmete die Erde aus.

Hoppy erreichte das Gatter der Pferdekoppel. Drei der Pferde standen reglos am anderen Ende der Weide und äugten herüber.

Das vierte Pferd lag im Gras. Hoppy erkannte sofort, dass die weiße Stute tot war.

Laurenz wartete schon lange. Sein Zeitgefühl hatte ausgesetzt. Saß er schon seit zwei Stunden oder drei Stunden oder seit drei Jahren an dieser Brücke? Nepomuk: die Figur vom Brückenheiligen gab's in der Kreisstadt. Laurenz, der heilige Narr, der einsame Wartende an der Brücke vor dem Uhlenhof, das war doch auch nicht schlecht. Nicht schlecht? Scheiße war das! Laurenz klopfte sich die nächste Zigarette aus dem Päckchen. Verdammt, irgendwann musste sie doch kommen und dann würde er sie zwingen endlich mit ihm zu reden. Und von ihrem arroganten Alten würde er sich auch nicht verscheuchen lassen.

Donata. So eine Freundschaft kann doch nicht einfach verplätschern. Wenn man sich einmal ganz nah war, kann man nicht von heute auf morgen so tun, als ob man sich fremd sei. Heidenreuther hatte Schuld, ganz klar! Mimte den sensiblen Künstler mit schulterlanger Mähne und war doch bloß ein popeliger Zeichenlehrer. Aber Donata war ihm auf den Leim gegangen, ließ sich einlullen, spielte total verrückt und schwebte irgendwo im siebten Himmel herum, nur weil der Schleimer Heidenreuther ihr eingeredet hatte, sie verfüge über eine ungeheure bildnerische Begabung. Wieder dachte Laurenz: So eine Freundschaft kann doch nicht einfach verplätschern.

In der Pause hatte sie ihn abblitzen lassen. Und ringsum die Grinser: Ja, Junge, du bist out, dein Goldschatz hat sich was Besseres angelacht, du bist ihr eine Nummer zu klein. Da hatte Laurenz sich cool gegeben, den Clown wollte er denen nicht geben. Aber er musste unbedingt mit ihr reden. Allein. Der Magen tat ihm weh.

Eigentlich war eine Menge zu tun für die Schule. Im Englisch-Leistungskurs war eine Diskussion über Salinger's *The catcher in the rye* angesagt und es ging um Zensuren. Doch Laurenz hatte sich auf sein Rennrad geschwungen, war ziellos durch die Landschaft gerast und wartete nun hier auf Donata.

Mit der Dämmerung kam Nebel auf. Laurenz zog sich die Ledermütze in die Stirn. Seltsam sah das aus, wie die Schwaden über die Wiesen krochen, ein milchiger Schleier, nur hüfthoch, darüber blieb die Luft klar. Fern auf der Koppel vor dem Erlengehölz grasten die Pferde. Sie schienen im Nebel zu schwimmen, die Köpfe untergetaucht. Besonders deutlich war Donatas weiße Stute zu erkennen: fahl leuchtend, wie im Märchen. Falada. Oh du Falada, da du hangest ... Wie hieß das Märchen noch? Laurenz dachte angestrengt nach, aber es fiel ihm nicht ein. Es schien auch eine menschliche Gestalt herumzuspuken zwischen den Pferden, aber das konnte auch eine Täuschung sein. In den Märchen schweben Feen durch die Gegend und Kobolde und solche Typen. Vermutlich handelte es sich um eine Täuschung. Ganz weit weg röhrte ein Automotor auf.

Dann plötzlich schwangen die Flügel des Eisentores auf und der Mann kam gehumpelt. »Du weißt doch, dass du dich hier beim Uhlenhof nicht rumtreiben sollst! Los, verpiss dich! Wenn der Boss dich erwischt ...«

»Ihr Boss kann mich mal kreuzweise!«, schrie Laurenz zurück. Hoppy Matzek, der Leibsklave vom großen Boss Osthaus, ausgerechnet der! Und von Donatas Vater würde er sich auch nicht vertreiben lassen. Dies war eine öffentliche Straße, die gehörte nicht zum Territorium vom Big Boss.

Wo Donata nur blieb?

Später kam Hoppy Matzek zurückgehastet und stolperte fast

über seine Krücke. Er rief irgendetwas, aber Laurenz hörte nicht hin. Das Zigarettenpäckchen war leer. Als nach Minuten das grünweiße Polizeiauto mit Sirene und Blaulicht durch die Allee gerast kam, begriff Laurenz, dass etwas passiert war, irgendwo unten im Wiesental. Er schaute dem Passat nach, der den Feldweg hinunterschaukelte. Kaum eine Minute danach donnerte Osthaus in seinem Frontera vorbei und folgte dem Polizeiwagen. Mr. Landlord im Offroader, dachte Laurenz, wie sich das so gehört. Aber was hat das zu bedeuten?

Das dritte Auto war ein Kombi. Ein Mann mit wattierter Weste saß am Steuer, den kannte Laurenz aber nicht. Und Hoppy Matzek erschien auch wieder auf der Bildfläche und hastete, so rasch es bei ihm ging, den Wagen hinterher. Er hatte einen Handscheinwerfer bei sich. Laurenz spürte auf einmal, dass es sehr kalt geworden war.

Donata! Schon am Schein der niedrigen Scheinwerfer erkannte Laurenz ihren Mini. Das kleine Auto näherte sich ziemlich langsam. Wie elektrisiert löste Laurenz sich vom Brückengeländer und winkte wild mit beiden Armen. Vor der Einfahrt kam der Mini fast zum Stehen, denn das Tor öffnete sich wie in Zeitlupe. Donata wollte also nicht zur Koppel hinunter, sie wollte nach Hause. Deutlich konnte Laurenz sehen, dass sie weinte.

»Donata! Halt an!« Laurenz schlug mit den Handflächen gegen das Seitenfenster. »Ich muss doch mit dir reden!«

Donata hatte keinen Blick für Laurenz. Sie starrte geradeaus. Der Mini rollte aufs Gelände des Uhlenhofs, das Tor schloss sich. Laurenz spuckte aus, weil er einen ekligen Geschmack im Mund spürte. Die Magenschmerzen wurden schlimmer.

Scheißzigaretten!, dachte Laurenz. Blanker Blödsinn, diese Pafferei. Er rauchte sonst nie, er machte sich überhaupt nichts aus

Zigaretten. Das Päckchen hatte er zu Hause einfach eingesteckt, es hatte beim Garderobenspiegel gelegen. Sein Vater ließ in der ganzen Wohnung Zigarettenpäckchen herumliegen. Frust, Langeweile, Trotz: Aus irgendeinem unsinnigen Grund hatte Laurenz eine Zigarette nach der anderen angezündet, als er wartete und wartete, und jetzt ging es ihm schlecht.

Was war da bei den Wiesen geschehen? Warum war Donatas Gesicht tränennass gewesen? Hatte das mit dem Schmeichler Heidenreuther zu tun? Laurenz dachte: Dann bring ich das Schwein um! Er dachte auch: Sie hat mich nicht einmal angeschaut. Verwirrt und zornig trat er in die Pedale. Der Dynamo sirrte und das hörte sich wie höhnisches Gekicher an. Feierabendzeit. Selbst auf diesen schmalen Landstraßen waren zu dieser Stunde viele Autofahrer unterwegs. Die Pendler, die von der Kreisstadt kamen und eilig heim wollten zu den Dörfern und Kotten und Ansammlungen von Einfamilienhäuschen. Laurenz blinzelte gegen die Lichtkegel an, die vom Nebel vergrößert wurden. Sein Zeitgefühl funktionierte noch immer nicht richtig. Wie lange hatte er gebraucht bis zur Siedlung am Stadtrand? Eine halbe Stunde? Eine halbe Nacht?

Jedenfalls war der Vater schon von der Arbeit zurück. Abteilungsleiter beim Baumarkt. Die Eltern unterhielten sich laut in der Küche. Noch lauter war es in der Diele. Die Zwillinge hüpften wild zuckend herum, sie hatten sich schwarze Pullover angezogen und Hüte aufgesetzt und zogen ihre Michael-Jackson-Show ab. Der CD-Player im Wohnzimmer war auf Saallautstärke gedreht.

Trotzdem hatte die Mutter Laurenz gehört. Sie öffnete die Küchentür einen Spalt und rief in den Lärm hinein: »Laurenz? Dass du endlich kommst! Wir wollen gleich zu Abend essen. Du musst die Mülltonne noch rausstellen.«

»Ja, mach ich!«

»Und komm dann schnell! Die Spaghetti werden kalt.« Sie drohte den Zwillingen. »Noch einmal sag ich's nicht, ihr Clowns! Die Musik aus und an den Tisch, verstanden?«

»Ich hab keinen Hunger«, sagte Laurenz.

»Junge, du musst doch was essen!« Die Mutter schüttelte den Kopf mit jener Sorgenmiene, die sie für wirkungsvoll hielt und die Laurenz seit frühesten Kindertagen hasste. »Was ist bloß los mit dir? Seit Tagen bist du so komisch. Aber was essen musst du!«

»Ich muss gar nichts«, sagte Laurenz. »Ich bin volljährig.« Er holte die Abfalltonne aus dem Keller und stellte sie draußen an den Bordstein. Dann warf er sich in seinem Zimmer auf das Bett und zupfte im Liegen auf der Gitarre. So verging viel Zeit. Laurenz vernahm Geschirrklappern aus der Küche, später plärrte im Wohnzimmer das Fernsehgerät irgendein Trara aus einer Talkshow. Offenbar hatten die Zwillinge in der Diele ihr rhythmisches Gehampel wieder aufgenommen. Laurenz hielt seine Brüder Gabriel und Michael für die schrecklichsten Zwillinge der Weltgeschichte. An den Englisch-Leistungskurs dachte er nicht mehr.

In dieser Nacht kam Laurenz nicht zur Ruhe.

Urban musste aufpassen mit seinem Wohnmobil. Der Sturm der vergangenen Tage hatte viel Laub von den Bäumen gefetzt, die Straßen waren an manchen Stellen glitschig. Einmal verfuhr er sich und geriet in eine Bauernschaft, die absolut nicht auf seinem Weg liegen konnte. Dann kannte er sich wieder aus.

Das Autotelefon schnarrte. Maya Wüllner von der Zentrale teilte mit, dass die Leute am Tatort allmählich ungeduldig würden.

»Herr des Himmels!«, fauchte Urban. »Bin ich bei der Kripo

oder bei der Formel 1? Geben Sie durch, dass ich noch so runde zehn Minütchen brauche. Es ist neblig und glatt.«

»Warum fahren Sie keinen Dienstwagen wie die anderen? Extrawurst, wie? Wieso kutschieren Sie dauernd mit Ihrer fahrbaren Gartenlaube durch die Gegend?«

»Weil ich fahrbare Gartenlauben so liebe, Frau Kollegin, darum.« Urban legte den Hörer auf.

Die Brillengläser waren nicht sauber. Urban schloss die Augen zu Schlitzen, wenn ihm ein Fahrzeug entgegenkam. Als er die Allee erreichte, die zum Uhlenhof führte, sah er im Wiesengelände die Lichter. Er bog in den Feldweg ein.

Zuerst registrierte Urban die Fahrzeuge. Das Polizeiauto, ein Geländewagen, ein Kombi, ein orangefarbener Laster mit einem Greifarm und der Aufschrift *Tierkörperbeseitigungsanstalt K. Reckmann.*

Urban lenkte das Wohnmobil bis dicht an den Zaun der Koppel, dann stieg er aus und zog sich den Regenmantel an. Eine dürftig erhellte Bühne mit Nebelschwaden wie in einem kitschigen Krimi. Das weiße Pferd sah auch im Tode noch schön aus. Den Polizeiobermeister, der sich die klammen Hände rieb, kannte Urban.

»Können wir denn jetzt endlich?«, rief ein Mann in orangefarbenem Overall.

»Nein«, sagte Urban, »Sie können nicht.«

Obermeister Polenz gab Urban die Hand. »Scheußliche Sache! Sie sind also zuständig?«

Urban nickte. »Wenn keiner zuständig ist, bin immer ich zuständig. Wissen Sie doch.«

»Ja, ja, der Joker.« Laut rief Polizeiobermeister Polenz: »Das ist Hauptkommissar Urban von der Kripo! Er übernimmt die Ermittlungen.« Er winkte seinen jungen Kollegen heran, der die Fotoarbeiten abgeschlossen hatte und nun mit einem Markierungsband das Areal um das getötete Pferd absicherte. »Was gefunden?«

»Also, da ist was Merkwürdiges«, sagte der schnurrbärtige Polizist ein wenig außer Atem und wandte sich an Urban. »Das sollten Sie sich mal ansehen.«

»Später. Ich will zuerst mit dem Tierarzt reden.«

Doch der Mann im hellen Trenchcoat, der am Frontera-Geländewagen gelehnt hatte, drängte sich dazwischen. Ein massiger Mann, hoch gewachsen, breitschultrig, leicht verfettet und mit streng geschnittenem Bürstenhaar. Machertyp, dachte Urban, Machertyp wie aus dem Bilderbuch, clever, erfolgreich.

Der Mann sagte: »Mein Name ist Osthaus!«

»Das bezweifle ich ja gar nicht«, antwortete Urban. Warum blaffte der Mann seinen Namen wie eine Drohung? »Ich vermute, es handelt sich um Ihr Pferd, das …«

»Ich verlange, dass Sie den Pferdemörder fassen, und zwar schnell!« Osthaus zielte mit dem Zeigefinger auf den Kommissar. »Meine Tochter! Das verkraftet sie nicht. Das Pferd gehört – gehörte meiner Tochter. Die ganz große Liebe, ein Teil ihres Lebens sozusagen. Falada. Ich habe ihr die Stute voriges Jahr zu Weihnachten geschenkt. Sie können sich überhaupt nicht vorstellen, wie sehr meine Tochter dieses Pferd von Anfang an geliebt hat!«

»Vielleicht kann ich das doch«, sagte Urban leise.

»Nein, das können Sie nicht!« Osthaus hatte Mühe die Fassung zu bewahren, seine Stimme wurde schrill. »Das können Sie nicht! Ein Schweinehund! Wie kann sich ein Schweinehund nur so grauenhaft an einem wehrlosen Tier vergreifen? Das frage ich Sie!« Osthaus ballte die Fäuste und zog den Kopf zwischen die Schultern. Dann hatte er sich wieder unter Kontrolle. »Wie kann sie damit leben? Wie soll sie diese Untat begreifen? Es ist so entsetzlich und so gemein.« Osthaus starrte zu dem hellen Pferdekörper hinüber, der im Schein der Polizeilampen wie eine kleine Insel aus Schnee wirkte. »Ich muss zu ihr.«

»Weiß Ihre Tochter schon Bescheid?«, fragte Urban.

Osthaus nickte heftig. »Als Herr Matzek mich in meinem Büro anrief, habe ich sofort die Polizei informiert und den Veterinär.« Mit einer kurzen Kopfbewegung wies er auf den Mann mit der wattierten Weste. »Doktor Wientjes. Er ist seit Jahren für mich tätig.«

Für mich tätig! Urban empfand diese Formulierung als Anmaßung. Dann drehte er sich zu dem älteren Mann im Hintergrund um, der eine Krücke unter die linke Achsel geklemmt hatte und mit einem Handscheinwerfer herumfunzelte. »Sind Sie Herr Matzek? Haben Sie das Pferd so gefunden?«

»Ich hab sofort gesehen, dass die Falada tot war!« Matzeks Stimme war heiser und zittrig. »Und alles ganz voll Blut.«

Osthaus sagte: »Meine Tochter hatte ich dann ja auch angerufen. Sie musste in der Schule noch was erledigen. Über ihr Handy hab ich sie erreicht. Ich hab sie beschworen: Fahr bloß nicht zur Koppel! Schau es dir nicht an! Fahr nach Hause und warte auf mich!« Osthaus hustete und rang nach Luft. »Den Entsorgungswagen hab ich dann auch bestellt. Meine Tochter darf das tote Tier nicht sehen. Das hält sie nicht aus.«

Der Mann im orangefarbenen Overall nahm das als Stichwort. »Können wir denn jetzt endlich?«, fragte er wieder. »Ich hab längst Feierabend.«

»Augenblick noch«, sagte Urban. Er zog den Tierarzt mit sich zu dem toten Körper der weißen Stute. »Erklären Sie's mir.«

Dr. Wientjes fuhr mit dem Strahl der starken Stablampe die

dunkle Linie nach, die am Ansatz des Pferdehalses, dicht am Rumpf, wie eine Tätowierung ganz gerade verlief. »Die Schlagader. Ein einziger Hieb. Das Tier hat nicht lange gelitten. Verzeihen Sie die Formulierung, aber ich will's trotzdem mal so ausdrücken: die Arbeit eines Fachmanns.«

Die beiden uniformierten Polizeibeamten waren Urban und dem Tierarzt gefolgt. Polenz starrte wie gebannt auf die Wunde, aus der kein Blut mehr lief.

»Jetzt geht der verfluchte Scheiß auch bei uns los«, knurrte er. »Und ich hab gedacht, der Pferderipper säße im Knast.«

»Sitzt er auch«, sagte Urban. »Das hier ist etwas ganz anderes. Hier hat sich nicht so ein sexuell verwirrter Sadist ausgetobt.«

Der Veterinär sah das auch so. »Der Tierquäler, den sie im Oldenburgischen erwischt haben, hat die Pferde geradezu niedergemetzelt. Blutrausch. Was weiß ich! Orgie eines Irren oder so. Diese Stute ist eiskalt getötet worden.«

Urban dachte: Diese Tat galt nicht dem Pferd, sie galt einem Menschen. War es Zufall, dass es ausgerechnet diese Stute getroffen hat? Hätte es auch eines von den anderen Pferden sein können? Er fragte: »Die Waffe, was für eine Waffe könnte das gewesen sein?«

Der Tierarzt lachte bitter auf. »Wenn wir uns im Mittelalter befänden, würd ich sagen: ein scharfes Schwert.«

Da wurde der junge Polizist plötzlich sehr zappelig. »Das merkwürdige Ding, das wollte ich Ihnen doch zeigen! Als ich vorhin die Fotos gemacht habe, da hab ich's entdeckt. Angefasst hab ich es selbstverständlich nicht.«

»Gut so«, lobte Urban. »Wir schauen es uns gleich an, das merkwürdige Ding.« Er fragte den Tierarzt: »Ist es eigentlich üblich, dass man bei diesem Wetter die Pferde noch auf der Weide lässt?«

»Das härtet ab«, erklärte Dr. Wientjes. »Ich hab es Herrn Osthaus empfohlen, die Tiere bis Ende November draußen zu lassen. Man muss natürlich zufüttern, die Weide gibt nichts mehr her. Aber nun hat sich die Situation wohl geändert. Man wird diese Pferde im Dunkeln nicht mehr allein lassen können. Es ist zum Kotzen!«

»Da sagen Sie was.« Polizeiobermeister Polenz putzte sich geräuschvoll die Nase. »Kann Herr Matzek die Pferde jetzt in den Stall bringen?«

»Kann er«, sagte Urban. »Aber den markierten Bereich soll niemand betreten. Unsere Spurenleute werden sich hier bei Tageslicht noch mal gründlich umsehen.« Urban glaubte allerdings nicht wirklich daran, dass sich brauchbare Fußabdrücke des Täters oder der Täter finden lassen würden, denn der matschige Boden war von den Pferdehufen und von zahllosen Stiefelabdrücken geradezu umgepflügt.

Die drei Pferde hatten sich, irritiert von den Lichtern, in den hintersten Winkel der großen Koppel zurückgezogen, doch als Hoppy Matzek auf den Fingern pfiff, kamen sie zögernd aus der Dunkelheit geschritten. Urban dachte: Sie haben keine Scheu, sie sind an Menschen gewöhnt. Und so konnte der Pferdetöter auch ganz nah an die Stute herankommen. Ob sie ihn gekannt hat?

Osthaus war in den Geländewagen gestiegen. Er kurbelte das Seitenfenster herunter und rief: »Ich muss zu meiner Tochter! Wenn Sie mich noch brauchen ...«

»Ich brauche Sie noch!«, rief Urban zurück.

Osthaus zeigte mit dem Arm zum Uhlenhof hinüber. »Ich sehe es auf dem Monitor, wenn Sie kommen. Das Tor geht dann auf. Sie können bis zum Haus vorfahren.« Dann startete er den Wagen, gab übermäßig Gas und war schnell im Dunst verschwunden.

Es war ein schlimmes Bild, als der Greifarm zupackte. Übergroß wirkte der Körper des toten weißen Pferdes, als er durch die Luft geschwenkt wurde und dann dumpf auf der Ladefläche des Lastwagens aufschlug.

Urban wandte sich ab. Zerstörtes Leben, zerstörte Schönheit. Ohnmacht und Zorn setzten ihm zu. Er hörte, wie der Laster der Tierkörperbeseitigungsanstalt davonrumpelte. Er sah später den Mann mit der Krücke den Wiesenweg hinaufhinken. Die drei Pferde folgten ihm. Wind war aufgekommen und quirlte die Nebelschwaden den Baumwipfeln zu. Dann war Urban mit den beiden Polizeibeamten allein, denn auch der Tierarzt war mit seinem Kombi losgefahren.

Das Ding! Nur etwa zehn Schritte jenseits der Stelle, an der die tote Stute gelegen hatte, steckte es im Boden.

»Die Tatwaffe?«, fragte der junge Polizist.

»Sieht so aus«, sagte Urban.

Es war ein langes Haumesser, so etwas wie eine Mischung aus Samuraischwert und Machete. Solch eine Waffe hatte Urban noch nie gesehen. Vorsichtig ließ er den Daumen über die scharfe Klinge gleiten. Warum hatte der Täter dieses gefährliche Messer geradezu demonstrativ zurückgelassen? Natürlich sollte das ein deutliches Zeichen sein. Eine Warnung? Eine Drohung? Für wen und gegen wen?

»Da leck mich doch einer!«, flüsterte Polenz beeindruckt. »Scheußlich!«

Urban nahm ihm die Stablampe aus der Hand und richtete den Lichtstrahl auf den Griff, der ungefähr dreißig Zentimeter lang war, das Holz schien alt und abgenutzt zu sein, aber ganz frisch waren Buchstaben eingekerbt worden.

Obermeister Polenz hatte sich in den Schlamm gekniet. »Was das bloß zu bedeuten hat? Ganz komisch!«

Urban konnte die Buchstaben deutlich erkennen: N-T-A-M-B-U.

»Und was soll das heißen?«, fragte der junge Polizist.

»Ich habe nicht die leiseste Ahnung«, gab Urban zurück. »Ntambu. Das kann man eigentlich gar nicht aussprechen. Aber zweifellos soll das eine Nachricht sein. Rätselhaft!« Urban richtete sich auf. Er zog eine Plastikfolie aus der Manteltasche und umwickelte behutsam den Holzgriff, dann zog er die seltsame Waffe aus der Erde. »Machen wir Schluss hier! Ich erwarte dann morgen früh Ihren Bericht. Faxen Sie ihn durch zum Präsidium, ja? Ich setze mich dann wieder mit Ihrer Dienststelle in Verbindung.«

Polenz nickte. »Geht in Ordnung.«

»Noch etwas«, sagte Urban. »Kein Wort von dieser seltsamen Waffe an die Öffentlichkeit! Das bleibt zunächst ganz unter uns. Haben wir uns verstanden?«

Ein Häher kreischte plötzlich los.

Schulfeinde

Urban hörte den Eichelhäher noch aus der Ferne kreischen, als er vor dem Landhaus aus dem Wagen stieg. Das schwere Metalltor hatte sich geöffnet und wieder geschlossen, kaum dass Urban den Parkplatz zwischen den Rondellen erreicht hatte. Das gesamte Anwesen war von Tiefstrahlern ausgeleuchtet. Urban nahm auch die Kameras der Überwachungsanlage wahr. Er ließ den Regenmantel im Wagen zurück. Als er die erste Stufe betrat, wurde die Haustür schon aufgemacht. Eine kleine dralle Frau mit strengem Haarknoten und in einer hellgrünen Kittelschürze empfing den Kommissar.

»Bitte«, sagte sie und trat zur Seite. »Herr Osthaus erwartet Sie im Wohnzimmer. Ich bin die Haushälterin.«

Urban trat in die geräumige Diele. Die Dogge, die vor dem Kamin lag, warf ihm nur einen schläfrigen Blick zu. Anscheinend war in diesem Kamin schon lange kein Feuer mehr gemacht worden. Eine leicht gewundene Treppe führte zum Obergeschoss hinauf. Urban schnupperte. Ein leichter Zigarettengeruch hing in der Luft. Die Frau ging voraus und öffnete den Flügel einer Doppeltür, dann huschte sie davon.

Alles schien überdimensioniert zu sein in diesem Haus. Das Wohnzimmer hatte die Ausmaße eines Tanzsaales: niedrige, breite, ausladende Sessel und Sofas aus genarbtem Leder, ein langer Couchtisch mit massiver Eichenholzplatte, ein gewaltiger Bauernschrank voller Zinnfiguren und bemalter Porzellanvasen an der Stirnseite des Raumes. Die Stahlstiche an den Wänden stellten ausnahmslos Reiter und Pferde in Dressurszenen dar. Dunkelbraune Samtvorhänge waren vor die Fenster gezogen. Die modischen Lampen aus Chrom und Milchglas passten nicht zum übrigen Ambiente.

Osthaus, der am Barschrank gestanden hatte, drehte sich um und kam Urban über den burgunderrot und violett gerauteten Perserteppich entgegen. Er trug jetzt eine Hausjacke aus Kamelhaar und hielt ein Glas in der Hand. »Kognak? Whisky?«

Auf die einladende Geste hin nahm Urban in einem Sessel Platz. »Danke. Aber ich bin noch im Dienst.« Er fasste nach dem Blechkästchen in der Jackentasche. »Aber wenn ich ein Zigarillo rauchen dürfte ...«

Osthaus winke ab. »Tut mir Leid. In diesem Haus wird nicht geraucht. Eines meiner wenigen Prinzipien.«

»Eine noble Hütte haben Sie hier«, sagte Urban.

»Das will ich meinen!« Osthaus nickte bedächtig und schlürfte geräuschvoll aus seinem Kognakschwenker. »Aber Sie hätten das alles mal sehen sollen, als ich vor satten fünfzehn Jahren das Anwesen gekauft habe. Eine Ruine war der Uhlenhof, nix weiter. Vergammelt, verfallen. Es hat mich eine verdammte Stange Geld und mächtig viel Initiative und Ideen gekostet, ein Stück Paradies daraus zu machen.«

»Kompliment!« Urban dachte: Irgendeine Klangfärbung ist in der Sprechweise dieses Mannes, die in eine ganz andere Landschaft gehört. Und warum lügt er? Er sagte: »Sind Ihre Signal- und Alarmanlagen draußen nicht ein bisschen übertrieben? Oder gibt es Gründe dafür?« Er nahm die Brille ab und wienerte mit einem

Lappen die Gläser, sah aber trotzdem, dass sich die Gesichtszüge seines Gegenübers spannten.

Osthaus lachte kurz auf. »Vielleicht 'ne Marotte. Aber wir wohnen hier draußen ziemlich einsam und ich mag ungebetene Besucher nicht besonders.« Dann wechselte er zu einem anderen Thema. »Ist das Ihre Marotte, dass Sie mit einem Wohnmobil rumdüsen? Reichlich ungewöhnlich für einen Kriminalbeamten.«

Urban war an diese Frage gewöhnt. »Hier draußen in der Provinz ist es bisweilen nötig, dass ich bei den Ermittlungen in der Nähe des Tatortes bleibe. Es spart Zeit, aber vor allem erfahre ich dann mehr über die Stimmungen der Leute, über die Atmosphäre. Ich hab sozusagen mein Ohr etwas dichter am kochenden Busen der Volksseele.« Urban hatte diese Floskel schon so oft gebraucht, sie war ihm jetzt peinlich.

»Hat die Polizei nicht genug Knete, um Ihnen ein Hotelzimmer zu bezahlen?« Osthaus gluckste amüsiert, hielt sich das Glas an den Mund, trank aber nicht.

»Wenn Sie die trostlosen Hotels und Gasthöfe dieser Gegend kennen gelernt hätten, würden Sie diese Frage nicht stellen.« Urban rückte die Brille zurecht. »Welche Personen wohnen in diesem Haus?«

Jetzt trank Osthaus das Glas leer, goss reichlich Kognak nach aus der Karaffe und erklärte dann, er verstehe nicht, was diese Frage im Zusammenhang mit der Ermordung eines Pferdes zu bedeuten habe. Doch als er merkte, dass der Kommissar darauf nicht antworten wollte, sagte er, dass das Ehepaar Hans und Grete Matzek im Souterrain wohne und sich um Haus und Hof kümmere. Hoppy Matzek, so werde der Mann übrigens von allen genannt, sie bei ihm Baggerführer gewesen, habe sich aber bei einem Unfall auf einer Baustelle das linke Bein irreparabel beschädigt. »Ich habe den Mann privat bei mir angestellt, er ist mir treu ergeben.«

Urban überlegte, warum Osthaus ihm das sagte.

»Ich betreibe ein Unternehmen für Abbruch- und Erdarbeiten. Einen Großteil des schweren Gerätes habe ich zurzeit in Sachsen und Thüringen stehen. Kräne, Schaufelbagger, Kipplaster. Mein Firmensitz ist in der Kreisstadt.«

»Ich weiß«, sagte Urban, »bitte, weiter!«

»Was? Was denn weiter?«

»Sie wollten mir sagen, welche Personen in diesem Hause wohnen. Außer den Matzeks.«

Osthaus stellte das Glas ab und stemmte sich schwer vom Ledersofa hoch, ließ sich aber wieder zurückfallen. »Ich selbstverständlich und meine Tochter Donata.«

»Schöner Name.« Urban lächelte einen Wimpernschlag lang. »Donata: die Geschenkte.«

»Donnerwetter!« Osthaus patschte mit den Handflächen auf die Tischplatte. »Lateiner? Und ich hab Polizisten immer für ungebildet gehalten. Das ist natürlich nicht persönlich gemeint.«

»Manche Leute sollten lieber erst denken und dann reden«, entgegnete Urban kühl. »Das ist natürlich nicht persönlich gemeint.« Er stellte die Frage, obwohl er die Antwort schon im Voraus wusste. »Kann ich mit Ihrer Tochter sprechen?«

»Ausgeschlossen!« Die Stimme des massigen Mannes wurde laut. »Meine Tochter ist fix und fertig. Ich hab schon überlegt, ob ich vorsichtshalber den Arzt kommen lassen soll. Das muss sie erst einmal verkraften, dass ihr geliebtes Pferd ...« Dann auf einmal beinahe flüsternd: »Falls sie das kann. – Ich habe sie ... Wir haben sie Donata genannt, weil sie uns wie ein Geschenk in unser Leben gekommen ist. Meine Frau ist tot. Schon lange. Donata kann sich an ihre Mutter übrigens nicht mehr erinnern.«

Wieder überlegte Urban, warum Osthaus ihm das sagte.

Osthaus fuhr sich nervös über das Haar. »Meine Tochter ist der Inhalt meines Lebens. Alles, was ich tue, tu ich für sie. Nur für sie! Und sie hat jegliche Freiheit.« Er zeigte mit beiden Händen zur Zimmerdecke. »Donata hat im Obergeschoss ihr Reich. Sie kommt und geht, wie sie will. Ich kommandiere sie nicht, ich dränge mich nicht auf. Sie weiß, wie gern ich sie habe und dass ich immer für sie da bin.«

Urban spürte, dass dieser selbstgerechte Mann mit einem Mal weich wurde, beinahe sentimental. Wahrscheinlich meint er das wirklich so, dachte Urban, vielleicht spielt er mir jetzt keine Rolle vor. Aus der oberen Etage war Musik zu vernehmen, weil im Wohnzimmer für einen Moment Stille eingetreten war. Urban meinte, das Saxophon von Charlie Parker zu hören. Klassischer Jazz bei einem Mädchen? Das war ungewöhnlich und erstaunlich. »Geht Ihre Tochter noch zur Schule?«, fragte er.

Osthaus trank fast gierig. »Sie macht im Frühjahr Abitur. Gute Schülerin. Vor allem in naturwissenschaftlichen Fächern begabt. Mathe und so. Ich hab ihr vorgeschlagen, in dieser Richtung auch zu studieren. Kybernetik, Informatik. Meinetwegen auch Betriebswirtschaft, weil ich ja möchte, dass sie mal die Firma übernimmt. Jetzt raten Sie mal, was sie vorhat!«

»Was Musisches«, sagte Urban.

»Treffer! Malerei. Sie beschäftigt sich in jeder freien Minute mit Bildermalen.« Osthaus hob sein Kognakglas in Richtung Zimmerdecke. »Ihr Wohnbereich ist ein einziges Atelier. Donata will Malerei studieren. Okay, ihr Wille geschehe im Himmel wie auf Erden. Aber glauben Sie bloß nicht, sie will auf eine von den Kunstakademien. Sie will eine Lehre machen. Bei einem Maler. Sie hat mir erklärt, dass sie Maltechniken lernen will, die Kunst käme aus ihrem Kopf. Kunstakademien seien ein Widerspruch in sich selbst, die seien was für Wichtigtuer. Gut, ihre Entscheidung.« Plötzlich geriet Osthaus in eine Art Wutanfall. »Jetzt hören Sie mal gut zu! Wer meiner Tochter ein Leid antut, der ist mein Feind, den bekämpfe ich. Finden Sie diesen perversen Triebtäter ganz schnell und sperren Sie ihn gut ein, denn wenn ich ihn in die Finger kriege, gibt's viel Arbeit auf der Intensivstation. Den mache ich platt!« Das Gesicht des Mannes hatte sich heftig gerötet, das konnte am Alkohol liegen oder an seiner Wut oder an einer Mischung aus beidem.

»Die Selbstjustiz ist vor geraumer Zeit abgeschafft worden in diesem Land«, sagte Urban trocken. »Gewisse Dinge sollten Sie wohl besser der Polizei überlassen.«

Osthaus knallte das Kognakglas geradezu auf die Tischplatte und blaffte: »Ach ja? Was unternimmt die Polizei denn überhaupt? Während Sie hier rumsitzen …«

Urban unterbrach ihn schroff. »Wie hätten Sie's denn gern, Herr Osthaus? Sollen wir 'ne Hundertschaft durch den Nebel hetzen? Erstens haben wir die nicht, zweitens wäre das blanker Aktionismus und drittens ist dieser Fall viel subtiler – und das wissen auch Sie. Da läuft nicht einfach ein Irrer durch die Landschaft, der sich Befriedigung verschafft, indem er Pferde schlitzt.« Urban dachte: Jetzt wird Osthaus mir erklären, dass er mit dem Landrat dick befreundet ist.

Osthaus starrte auf sein Glas. »Ich gehe in verschiedenen Ministerien ein und aus«, sagte er.

Urban konnte sich das Grinsen nicht verkneifen. »Wie schön für Sie! Aber auf dieser Schiene können Sie mir nicht imponieren, und unter Druck setzen kann man mich auch nicht. Versuchen Sie es also gar nicht erst. Wir sollten sachlich bleiben. Können Sie sich ein Motiv vorstellen? Fällt Ihnen irgendjemand ein, der Ihrer Tochter schaden will, der sie hasst?«

»Völlig ausgeschlossen! Meine Tochter ist überall beliebt. Sie hat keine Feinde. Da bin ich mir absolut sicher. Ab-so-lut. Mein lieber Herr Kommissar, ich glaube, Sie hören die Flöhe husten.«

Urban winkte ab. »Geschenkt! Und was ist mit Ihnen? Haben Sie Feinde?«

Osthaus schaute dem Kommissar mit bemühtem Erstaunen ins Gesicht, als hätte er die Frage nicht verstanden. Abwegig! Das signalisierte sein Blick. Völlig abwegig! Was hat das mit mir zu tun? Die wegwerfende Geste wirkte auf Urban wenig überzeugend. Aus dem Obergeschoss klang noch immer die Saxophonmusik durch das Haus.

Urban half nach, obwohl er wusste, dass Osthaus ihn genau richtig verstanden hatte. »Sie sagten vorhin, dass Donata so etwas wie Ihr Lebensinhalt sei. Ist das dann nicht vielleicht Ihre verwundbarste Stelle? Jemand trifft Ihre Tochter, hat eigentlich aber auf Sie gezielt. Könnte das nicht so sein? Was ist mit Ihren Geschäftskonkurrenten? Ich nehme an, in Ihrer Branche geht's bei den Großaufträgen mit harten Bandagen zu. Abrissarbeiten und so, fällt das nicht in das Metier der Baulöwen? Da knistert es doch geradezu. Sind Sie schon einmal in irgendeiner Weise bedroht worden? Wenn ich an die Sicherungsanlagen an den Mauern ihres Anwesens denke ...«

Osthaus reagierte ungehalten. »Sie hören die Flöhe husten! Sagte ich das nicht gerade? Selbstverständlich existiert in unserem Gewerbe eine Art Wettkampf um die Filetstücke bei den Großprojekten, aber unter Kaufleuten wird so etwas doch fair ausgetragen.«

Amen!, dachte Urban, verzog aber das Gesicht nicht eine Spur. Amen, das war das Wort zum Sonntag!

Osthaus redete weiter. »Mit kriminellen Mitteln, also, das wäre ja wohl das Letzte! Wir konkurrieren mit dem Florett und nicht mit der Keule, wenn Sie verstehen, was ich meine. Richtiges Taktieren bei den Ausschreibungen, Kontakte zu den besten Kreditinstituten, unternehmerische Phantasie. Und bei alldem seriös bleiben! – Tut mir Leid, Herr Urban, Sie sind auf dem falschen Dampfer. Ich habe Gegner, aber keine Feinde. Ein Pferd töten! Da gibt es niemanden, der mir so etwas antun würde. Ich habe da überhaupt keine Zweifel. Ein irrer Tierschänder. Wir verplempern hier nur Zeit!«

Urban sah das anders. Er hätte natürlich die Buchstaben N-T-A-M-B-U ins Spiel bringen können, aber er war ein erfahrener Spieler und zog die Jokerkarte nicht zu früh. »Hier ist meine Karte.« Urban stand auf und fasste in die Jackentasche. »Sie können mich direkt und über die Dienststelle erreichen. Ich habe übrigens veranlasst, dass sich heute Nacht ein Bereitschaftswagen in der Umgebung des Uhlenhofs aufhält. Bei Tageslicht wird sich dann unsere Abteilung für Spurensicherung an die Arbeit machen. Es werden sich gewiss weitere Fragen ergeben. Sind Sie tagsüber in Ihrer Firma?«

»Wo denn sonst!«, schnaubte Osthaus und schwenkte den Kognakrest in seinem Glas. »Matzek wird Sie hinausbegleiten.« Er fummelte unter der Tischplatte herum. Anscheinend befand sich dort irgendein Signalknopf.

Die Musik war leiser geworden.

Urban grüßte nur knapp zum Abschied. Osthaus blieb sitzen. Als er in die Diele kam, hörte Urban, dass es wirklich Charlie Parkers Saxophon war, das da klagte. Urban nahm wahr, dass bei der

Garderobe mehrere Tennisschläger in Futteralen an der Wand lehnten.

Hoppy Matzek, die Krücke unter der Achsel, wartete schon.

»Haben Sie die Pferde in den Stall gebracht?«, fragte Urban.

Matzek nickte eifrig und humpelte vor dem Kommissar die Schräge der Zufahrt hinunter. Urban fühlte es geradezu körperlich, dass Osthaus ihn über die Peilkameras beobachtete.

»Ich hab da 'ne Meldung zu machen«, sagte Matzek im Flüsterton, obwohl es doch eigentlich keinen Grund gab, leise zu sprechen. »Der Junge mit der Ledermütze!«

Sie hatten das Wohnmobil erreicht. Die Schreie des Eichelhähers waren nicht mehr zu vernehmen. Urban fand, dass in einem Gelände, das von Überwachungskameras gespickt war, logischerweise ein Rudel scharfer Schäferhunde zu lauern hätte, stattdessen pennte eine träge Dogge vor dem Kamin. Ob Herr Osthaus Sorge hatte, die Schäferhunde würden seinen schnieken Park zerbuddeln? »Was ist mit dem Jungen?«, fragte Urban und brannte sich ein Zigarillo an. »Wollen Sie auch eins?«

»Hier draußen sieht er's ja nicht«, kicherte Hoppy Matzek und griff gierig in das Blechkästchen, das Urban ihm hinhielt. »Aber ich zünde es erst im Stall an. Sie verstehen?«

»Der Junge mit der Ledermütze«, erinnerte Urban.

»Der lungerte wieder an der Brücke herum. Vorhin, als ich die tote Falada gefunden hab. Kurz vorher war's. Ich seh ihn da mit seinem Fahrrad. Wartete natürlich auf Donata. Ich hab ihm zugerufen, dass er abhauen soll. Der Boss hat ihn schon einmal verjagt. Könnt ja sein, dass er was zu tun hat mit dem Tod von unserem Pferd. Aber ich will nix gesagt haben!«

»Warum wartete er *natürlich* auf Donata?«

»Die waren doch mal verknallt, Donata und der Junge mit der Ledermütze. Richtiges Liebespärchen. Aber Donata hat dann wohl plötzlich Schluss gemacht und er will's nicht kapieren. So seh ich die Sache. Und heute Abend, als ich zur Koppel runterwollte, da hing er also schon wieder hier rum.«

»Wissen Sie seinen Namen?«, fragte Urban.

»Nee.« Matzek fuchtelte mit der Krücke durch die Luft. »Er ist aber in der gleichen Schule wie Donata. Gymnasium in der Kreisstadt. Humboldt.«

Urban blies Qualm durch die Nasenlöcher. »Ledermütze. Und Humboldt-Gymnasium. Das dürfte ja wohl reichen, um den Knaben zu finden. Danke für den Tipp, Herr Matzek!«

Urban war schon eingestiegen und startete den Motor. Als der Mann mit seiner Krücke gegen die Seitentür klopfte, kurbelte er das Fenster hinunter. »Ist noch was?«

Hoppy Matzek reckte sich hoch und flüsterte: »Das mit dem Jungen, das haben Sie nicht von mir, Herr Kommissar! Darauf kann ich mich verlassen, ja? Ich will keinen Zoff mit dem Boss haben.«

Urban nickte und fuhr an. Das Tor öffnete sich. Im Seitenspiegel konnte Urban erkennen, dass der Mann in der Lodenjoppe hastig davonhinkte.

Mobbing. Das war für ihn nichts als ein Modewort gewesen, doch seit einigen Tagen wusste Laurenz, was es wirklich bedeutete. Aus seinen Schulfreunden waren Schulfeinde geworden. Er war der Clown und sie hatten ihren Spaß. Ein Liebeskranker, der sich wie ein Weichei benahm, gab ja auch als Lachnummer etwas her und weil es in der Schule nicht allzu viel zu lachen gab, nutzte man jede Gelegenheit, die einen Jux versprach.

Nur zu gut wusste Laurenz, dass diese knallharte und zynische

Clique bloß darauf wartete, dass einer von ihnen Schwächen zeigte, sich eine Blöße gab, angreifbar war. Ein Opfer? Klasse! An solch einem lässt man sich aus.

Laurenz war früher nicht anders gewesen als die anderen. Aber jetzt war er das Opferlamm, jetzt hatte er sich zum Gespött angeboten. Freiwild für die Lacher. Der abservierte Liebhaber als leidender junger Werther – und das vor den Augen dieser Feixer aus seiner Klasse.

Und das war ja auch wie im Kitschfilm, dass er wie ein Trauerkloß herumstand und auf Donata wartete, dass er ihr wie ein Dackel nachhechelte. »Donata, lass uns miteinander reden! Du kannst doch nicht so einfach Schluss machen!« Aber sie wollte nicht reden, sie wies ihn freundlich, aber entschieden ab. »Benimm dich nicht wie eine Memme, merkst du nicht, dass du dich lächerlich machst?«

Laurenz konnte das alles nicht begreifen. So eine Freundschaft kann doch nicht einfach verplätschern! Keine Frage, Heidenreuther hatte Schuld, der eitle Künstlerdarsteller. Aber dass ausgerechnet Donata sich von ihm einwickeln ließ, das passte doch gar nicht zu ihr. Darüber musste man doch reden!

»Der ist schärfer im Bett!«, höhnten die Schulfeinde. »Der besorgt es ihr besser als du!« Einmal hatte ihm jemand ein Kondom ins Englischbuch gesteckt mit einem Zettel dazu: *Versuch's noch einmal, Laurenz*! Die Idioten ahnten ja gar nicht, dass Donata und er noch nie miteinander geschlafen hatten. Auf der Wiese liegen und den Körper des anderen streicheln: das ja. Aber ein richtiges Paar wollten sie erst nach dem Abitur werden: zusammen leben, eine gemeinsame Wohnung haben – so hatten sie es geplant. Aber jetzt war alles ganz anders.

Kennen gelernt hatten sie sich vor Jahren in der Schule, doch erst in der Gruppe bei der katholischen Jugend waren sie sich näher gekommen. Das hatte sich ganz logisch ergeben. Sie gehörten zusammen und diese Freundschaft war über Jahre gut und selbstverständlich gewesen. Doch plötzlich der Bruch. Donata hatte es ganz sachlich gesagt, nach der Schule, als er sie zu ihrem kleinen Auto brachte: »Laurenz, ich brauche jetzt ganz viel Luft zum Atmen. Ich hab mich verändert, ich bin erwachsen geworden. Und ich muss mich unbedingt erst einmal zurechtfinden. In meinem Kopf ist keine Ordnung. Bitte, versteh mich! Wir können ja auch auf Distanz Freunde bleiben.«

Laurenz hatte es nicht verstanden.

An diesem Morgen war alles anders, der Wind hatte sich gedreht. Kein Spott mehr, sondern blanke Verachtung. Donata war nicht zur Schule gekommen, natürlich nicht, denn ihr weißes Pferd war getötet worden. Die Meldung von der brutalen Untat des Pferderippers, der beim Uhlenhof zugeschlagen hatte, war die Topnachricht im Lokalteil der Zeitung und in der Schule verbreitete sie sich wie ein Lauffeuer.

Laurenz war der einsamste Mensch der Welt. Bei den Gaffern, die von ihm abgerückt waren und die ihm aus der Entfernung gehässige Blicke zuwarfen, schien das nicht nur ein Verdacht zu sein, sondern Gewissheit: Der verschmähte Liebhaber hat sich gerächt, Laurenz ist ein Pferdekiller.

In der großen Pause fing ihn Frau Kauka-Lippmann vom Schulsekretariat im Treppenhaus ab. Ein Herr von der Polizei warte vor dem Seiteneingang auf ihn. Man habe im Präsidium einige Fragen an ihn. Und ihr beinahe gieriger Blick signalisierte: Hah, vielleicht gibt es endlich mal wieder einen handfesten Schulskandal!

Laurenz nickte nur. Er dachte: Als ob ich Donata einen Schaden zufügen könnte! Oh Falada, da du hangest …

Der Hexenring

Dietmar Lochthowe, der Leiter der Abteilung für Spurensicherung. kam in Urbans Büro und hatte schlechte Laune. Das lag am schmuddligen Novemberwetter und an dem Dauerzustand, dass seine Truppe unterbesetzt und daher überarbeitet war. »Die Pferdekoppel können wir vergessen. Meine Leute haben nichts Brauchbares gefunden. Jede Menge Hufspuren in der Matsche und zerlaufene Abdrücke von Gummistiefeln. Nicht verwertbar. Hauptsächlich stammen sie wohl von dem Mann mit der Krücke. Und wenn 'ne ganze Fußballmannschaft da rumgetrampelt wär, in dem weichen Boden suppen alle Konturen wieder zu Brei zusammen. Auch im weiteren Umkreis nichts Auffälliges. Gibt's hier noch irgendwo 'nen Kaffee?«

»Nein«, sagte Urban. »Was ist mit diesem Haumesser?«

»Eindeutig die Tatwaffe. Aber das hatten wir ja nicht anders erwartet. Keinerlei Fingerspuren, sozusagen porentief gereinigt wie von Herrn Henkel persönlich.«

Urban legte die Zigarillokippe in den Aschenbecher. »Dieser komische Säbel, wozu braucht man den normalerweise?«

Lochthowe hockte sich auf den Heizkörper und faltete die Hände wie zum Gebet. »Normalerweise? Normalerweise braucht man solche Apparate, wenn man Menschen oder Viecher abstechen will oder wenn man im Urwald Rambo spielt und Lianen zerhackt. Die meisten Spinner schaffen sich aber derartige Monstermesser an, um den strammen Max zu markieren. Kann man in so Läden kaufen, wo's auch Schreckschusspistolen und Ninjasterne und Dolche zu holen gibt. Kaufen darf man's, besitzen darf man das Zeug aber nicht. Die sattsam bekannte Lücke im Gesetz. Aber wir brauchen in den einschlägigen Geschäften nicht nachzuforschen. Im Labor haben sie herausgefunden, dass der komische Säbel schon etliche Jährchen alt ist, da wär der Käufer sowieso nicht mehr zu identifizieren.«

»Falls das Ding überhaupt irgendwo in dieser Gegend gekauft worden ist«, sagte Urban.

»Die merkwürdigen Buchstaben sind jedenfalls frisch eingekerbt worden.« Lochthowe hob witternd die Nase. »Aber hier riecht's doch nach Kaffee!«

»Pitsch Kopke hat alles ausgetrunken.«

»Ist wohl mal wieder verkatert zum Dienst gekommen, ja?« Lochthowe stand vom Heizkörper auf. »Warum hast du denn nicht den Osthaus mal gefragt, ob er sich 'nen Reim auf die Schriftzeichen machen kann? War doch vielleicht für ihn, geheime Nachricht oder so.«

Urban schüttelte den Kopf. »Ich will erst wissen, was das heißen soll. Ntambu. So ein Wort hat noch keiner aus unserer Abteilung gehört oder gelesen. Falls es überhaupt ein Wort ist.«

Dietmar Lochthowe sagte: »Ich hab den Kadaver übrigens für den Abdecker freigegeben. War doch okay? Wir brauchen ihn jedenfalls nicht mehr.«

Urban nickte nur. Als der Spurenmann den Raum verlassen hatte, saß er eine Weile da und versuchte sich das weiße Pferd trabend auf einer Wiese vorzustellen. Wieder einmal quälte er sich mit der Frage, wie jemand mutwillig Leben zerstören konnte. Er überlegte auch: Was heißt das, dass der Kadaver für den Abdecker freigegeben wurde? Was tut man mit der Leiche eines Pferdes? Wird sie zu Hundefutter verarbeitet oder verbrannt oder verwurstet?

Pitsch Kopke wirkte tatsächlich ein bisschen verkatert. Er ließ sich auf den Stuhl vor Urbans Schreibtisch plumpsen und kramte nach Gummibärchen in den Taschen seiner Jeansjacke. »Was steht an, großer Bwana? Ich hab nicht viel Zeit.«

»Du bist doch unser Champion im Computerzappeln. Jetzt musst du mal zeigen, was für ein toller Surfer du bist.« Urban nahm das Haumesser bei der Klinge und hielt es so, dass Kriminalmeister Kopke die eingeritzten Buchstaben sehen konnte. Der Holzgriff war noch weiß vom Kolofonium aus dem Labor, wo sie vergeblich nach irgendwelchen Fingerspuren gesucht hatten. »Das Wort hat vermutlich etwas zu bedeuten. Kann sein, dass es sich um einen Code handelt oder sonst eine verschlüsselte Nachricht. Und da wäre nun die große Stunde unseres Internet-Experten eingeläutet.«

Kopke spreizte in theatralischer Abwehr die Finger. »Das kannst du mir doch jetzt nicht antun! Ich muss den Bericht fertig machen über den Bruch im Bahnhofskiosk. Die Knilche vom Staatsanwalt warten drauf.«

Urban blieb unbeeindruckt. »Die sind ans Warten gewöhnt. Ich will endlich wissen, was das Wort *Ntambu* bedeutet. Warst du nicht ganz happy, als sie dir den Anschluss an den Zentralcomputer vom Landeskriminalamt geschaltet haben? Gib deinem Maschinchen mal ein Extratröpfchen Öl und fang an zu spielen!«

»Teufel noch mal! Ich hab Wichtigeres zu tun, als mich um abgemurkste Gäule zu kümmern!« Pitsch Kopke grinste aber bereits ergeben und ohne Zweifel reizte ihn die Herausforderung ja auch. Berichte schreiben war ohnehin nicht seine Lieblingsbeschäftigung.

Urban sagte: »Ich schätze, es geht nur scheinbar um ein getötetes Pferd. Dahinter steckt viel mehr. Das wittere ich geradezu.«

Kopke hörte auf zu grinsen. Er kaute geräuschvoll. Seit er in Urbans Abteilung arbeitete, wusste er, dass es nichts zu grinsen gab, wenn der Hauptkommissar das Gras wachsen hörte. Also, ob er einfach über einen zusätzlichen Sinn für rätselhafte Zusammenhänge verfügte: So war das. Logisches Kombinieren und fast instinktives Erahnen des Bösen, das machte seine Erfolge bei den Ermittlungen aus. Der Polizeidirektor hatte einmal geäußert, Urban habe nicht nur kriminalistische Phantasie, sondern auch kriminelle. »Und wie stellst du dir das konkret vor?«, fragte Pitsch Kopke.

»Hack erst mal mit den Buchstabenverschiebungen herum. Ganz simpel anfangen. Quer durch's Alphabet. Nach vorn, nach hinten. N gleich M, T gleich S und so weiter. Und zur anderen Seite: N gleich O, T gleich U, B gleich C. Dann um zwei oder drei Buchstaben verschieben und das ABC auf den Kopf stellen.« Urban nahm ein neues Zigarillo aus dem Blechkästchen und zündete es an. »Junge, du bist doch der Freak! Soll ich dir etwa erklären, wie man die Buchstaben bündelweise durch den Wolf dreht? So was ist doch dein Bier. Und klink dich in die Dechiffriermaschine der Landeszentrale ein. Alles klar? Zisch ab!«

»Ja, Bwana«, knurrte Kopke, »und das am frühen Morgen!«

Pitsch Kopke notierte sich die Buchstaben und schlenderte aufreizend lässig hinaus. An der Tür stieß er mit Sarah Kosidowski von der Fahndungsabteilung zusammen. Sie knallte Urban eine Klarsichthülle mit einem Blatt aus dem Faxgerät auf die Schreibtischplatte.

»Das sind die Informationen, die wir über Hartwig Osthaus haben«, sagte sie. »Geburtsdatum, Anmeldung hier im Kreis, geschäftliche Aktivitäten und so. Lebt seit siebzehn Jahren hier. Mit seiner Tochter Donata. In Wesel am Niederrhein wurde er geboren. Ist hier alles notiert. Seine Frau muss schon tot gewesen sein, als er das Anwesen Uhlenhof aufkaufte und die Firma gründete. Aber das können Sie ja selber lesen. War's das?«

»Moment noch«, sagte Urban. Er überflog das Informationsblatt. Der Passus *Geschäftliche Aktivitäten* interessierte ihn besonders. Ausschachtungs-, Erd- und Planierungsarbeiten, Gebäudeabbruch und Schuttbeseitigung ... Das hatte Osthaus ihm ja schon mitgeteilt. Aber dass Hartwig Osthaus auch ein Frachtschiff auf dem Dortmund-Ems-Kanal fahren hatte, das war neu. »Haben Sie eine Ahnung, welche Strecke dieses Schiff normalerweise fährt und was es transportiert?«

Sarah Kosidowski breitete die Arme aus. Und ausgerechnet in dieser Haltung sagte sie: »Bin ich Jesus?«

»Vermutlich nicht«, antwortete Urban unwirsch. Er mochte solche Floskeln nicht. »Aber ich möchte, dass Sie es herausfinden. Ist Ihnen etwas über die Finanzierungen bekannt? Den Uhlenhof kaufen, teures Gerät für das Unternehmen anschaffen! Das muss doch irrsinniges Geld gekostet haben. Ich lese hier als Berufsbezeichnung: Agraringenieur. Damit verdient man sich doch keine goldene Nase. Hat er 'ne steinreiche Oma beerbt? Da haben Sie aber noch 'ne Masse zu recherchieren, Frau Kollegin. Was ist mit dem Jungen mit der Ledermütze?«

Sarah Kosidowski hatte auf einmal rote Flecke im Gesicht. Urban nahm es genau, das vergaß sie manchmal. »Spengler bringt den Jungen her. Holt ihn vom Humboldt-Gymnasium ab. Diskret, wie Sie's verlangt haben.«

»Der Junge soll hier auf mich warten«, sagte Urban. »Ich fahre mal kurz zu der Firma von Osthaus.« Es war ein plötzlicher Entschluss. Da spukte ein Gedanke in seinem Kopf, der machte ihn unruhig.

Im Nebenzimmer hackte Pitsch Kopke hektisch auf der Tastatur des Computers herum. »Der Großrechner in Düsseldorf gibt auch nichts her!«, rief er über die Schulter. »Vielleicht heißt Ntambu ja auch bloß Scheiße.«

»Das kommt mit der Anzahl der Buchstaben nicht hin«, sagte Urban. »Und nicht nervös werden. Die höchste Tugend der wirklich großen Detektive ist die Geduld. Ich bin in 'ner Stunde wieder zurück.«

»Ja, Sahib Bwana. Die Kinder werden auch ganz bestimmt keinen Quatsch machen, während du weg bist.« Kopke ließ weitere Buchstabenformationen über den Bildschirm tanzen.

Am Rande des Industriegebietes im westlichen Stadtviertel, zwischen dem Getränkegroßmarkt und der Reparaturwerkstatt für landwirtschaftliche Maschinen, waren Bürohaus und Gerätehof der Firma *Osthaus-Abbruch-Erdarbeiten* angesiedelt. Auf der weißen Gebäudewand prangte übergroß das Symbol des Unternehmens: eine rammende Faust mit der Unterschrift *Für eine saubere Umwelt.*

Urban dachte: Erstaunlich, was manche Leute unter einer sauberen Umwelt verstehen. Er warf einen Blick auf die Nummernschilder der Luxusautos, die rechts und links der Eingangstreppe geparkt waren. Leipzig, Erfurt, Köln ... Osthaus hatte also Besuch. Die junge Frau im ersten Büroraum, zu viel Schminke im Gesicht und mit einer Art Hartfaserfrisur, hatte den Telefonhörer zwischen Schulter und Backe geklemmt und notierte irgendetwas hastig auf einem Zettel.

»Mein Name ist Urban. Ich möchte mit Herrn Osthaus sprechen. Wenn Sie ihn bitte informieren ...«

Die Frau winkte unfreundlich ab, redete ins Telefon und haute dann den Hörer auf die Gabel. Erst als sie ihre Notizen überflogen und ergänzt hatte, stand sie vom Drehstuhl auf und kam zu Urban in den Flur. In dem dunkel gestreiften Anzug sah sie feierlich aus wie eine Standesbeamtin. »Haben Sie einen Termin?«

»Falls Sie damit meinen, dass ich mich vorher angemeldet habe, also, das habe ich nicht.« Urban zeigte seinen Ausweis. »Ich habe nur ein paar Fragen.«

»Ach, handelt es sich um die Pferdegeschichte?«

»Pferdegeschichte? So kann man es natürlich auch nennen. Ja, darum handelt es sich.«

»Herr Osthaus ist in einer wichtigen Konferenz.«

»Dann holen Sie ihn raus!« Urban hasste diese Rituale der Wichtigtuerei.

Die Frau ging aufreizend langsam zum Ende des Ganges, wo sie hinter einer ledergepolsterten Tür verschwand. Allgemeines Bürogeklapper erfüllte das Haus. Reklameposter von Baumaschinen waren an die Strukturtapeten gepinnt. Ein Foto zeigte einen monströsen Bagger mit dem Rammfaust-Symbol.

Dann kam Hartwig Osthaus geeilt. Er trug einen dunkelblauen Blazer. »Haben Sie den Strolch geschnappt? Hier rufen ununterbrochen beunruhigte Pferdehalter an, um sich nach den Fahndungsergebnissen zu erkundigen.«

»Bei der Polizei auch«, sagte Urban, »und die Presseleutchen geben sich die Klinke gegenseitig in die Hand, aber es gibt keine Erfolgsmeldungen. Unsere Spurenleute haben nichts Verwertbares finden können.«

Osthaus schaute demonstrativ auf seine Rolex. »Und warum

sind Sie dann hier? Ich bin in einer sehr wichtigen Besprechung. Pardon, aber ich kann Sie nicht in mein Büro bitten.«

»Wir können das hier auf dem Flur erledigen«, sagte Urban. »Ich halte Sie nicht lange auf. Wie ich hörte, haben Sie auch ein Schiff auf dem Dortmund-Ems-Kanal. Welche Waren lassen Sie hauptsächlich transportieren?«

Osthaus reagierte schroff. »Ich denke, die Kripo fahndet nach dem Schweinekerl, der das Pferd meiner Tochter brutal abgeschlachtet hat! Was hat das mit meinen geschäftlichen Betätigungen zu tun?«

»Sagte ich Ihnen nicht schon mal, dass ich die Fragen stellen möchte?«, antwortete Urban. »Also?«

»Haben Sie schon einmal etwas von Diversifikation gehört? Das Unternehmen hier ist mein Standbein.« Osthaus fuchtelte mit einer ausholenden Bewegung durch die Luft. »Der Binnenlandfrachter auf dem Kanal ist sozusagen mein Spielbein. Ich lasse hauptsächlich Spezialtierfutter von Holland über Emden zum Hafen in Münster transportieren. Für den Landhandel. Die Ladung auf der Rückfahrt besteht gewöhnlich aus Hölzern für die Möbelproduktion. War's das?«

»Fast«, sagte Urban. »Wann, glauben Sie, können wir mit Ihrer Tochter sprechen? Hat sie den Schock halbwegs überwunden?«

Osthaus zuckte mit den Schultern. »Donata ist heute Morgen nicht zum Frühstück heruntergekommen.« Er zögerte, griff dann nach einem der Hochglanzprospekte, die auf einem Glastischchen gestapelt waren. Auf der Titelseite war in der rechten oberen Ecke das lächelnde Gesicht von Osthaus abgebildet. »In dem Firmenprospekt steht auch die private Telefonnummer. Rufen Sie an! Frau Matzek wird sich vermutlich melden. Die kann das Gespräch nach oben durchstellen – falls meine Tochter mit Ihnen reden will. Das muss sie selber entscheiden. Brauchen Sie mich noch? Ich muss zurück in die Konferenz.« Wieder der Blick auf die Rolex.

Urban nahm den Firmenprospekt und rollte ihn behutsam zusammen. Das bemerkte Osthaus aber nicht. »Vielleicht wird sie mit einer meiner Kolleginnen sprechen wollen«, sagte er. »Wir versuchen es. Im Übrigen, wir werden Sie selbstverständlich auf dem Laufenden halten. – Ach, noch eine private Frage, Herr Osthaus. Ist 'n Hobby von mir. Sie haben so einen ganz leichten Akzent, so eine Färbung in Ihrem Sprachklang. Ich kriege aber nicht raus, an welche Gegend mich das erinnert.«

Osthaus guckte halb ärgerlich und halb belustigt. »Niederrhein. Die Nähe zu Holland. Ich hab meine Kindheit in Wesel verbracht. Da bin ich auch geboren.«

»Wesel also!« Urban schnipste mit den Fingern. »Da hatte ich früher hin und wieder zu tun. Ich hab vor Jahren im Ruhrgebiet gearbeitet, Wesel ist so eine Art Ableger von Duisburg. Schöne alte Stadt. Wesel ist ja im Krieg weitgehend von den Bombardierungen verschont geblieben. Und das römische Amphitheater ...«

»Ja, das Amphitheater. Da hab ich als Kind oft gespielt. – Herr des Himmels, wir plaudern hier rum. Meine Geschäftsfreunde!« Osthaus hob leicht die Hand, das sollte wohl eine Verabschiedungsgeste sein, dann ging er eilig zu der Tür am Ende des Flures.

Die Frau im gestreiften Anzug erschien wieder. Sie begleitete den Kommissar wortlos zum Ausgang.

Mit dem Hexenring hatte es angefangen! Da hatte er zum ersten Mal bemerkt, dass Donata sich verändert hatte.

Laurenz saß auf der verkratzten Holzbank in dem trostlosen grauen Raum, an der Wand gegenüber das Plakat mit den Gesichtern von Leuten, nach denen gefahndet wurde. Hässliche Gesichter? Oder nur hässliche Fotos? Laurenz hatte Herzklopfen gespürt, als er zusammen mit dem Kriminalbeamten das Polizeigebäude betreten hatte. Vorher war er noch nie in einem solchen Haus gewesen. Wieso bloß dieses verdammte Herzbullern? Es gab doch überhaupt keinen Grund dafür.

Langweilig, diese Gänge und Büros. Laurenz hatte sich das eigentlich anders vorgestellt. In den Kriminalfilmen kreischten auf solchen Fluren doch immer ein paar halb nackte Nutten herum, da wurden schwere Jungs mit wilden Gesichtern in Handschellen angeschleppt, da grölten besoffene Penner. Aber in diesem Präsidium war alles anders. Männer und Frauen in Uniform oder in Zivilkleidung trugen geruhsam Akten vor sich her. Keine Hektik. Faxgeräte ratterten, die Bildschirme der PCs flimmerten, da und dort betätigte jemand eine altmodische Schreibmaschine.

Er solle im Besucherraum warten, sagte der Mann, der ihn von der Schule abgeholt hatte, der Kommissar werde bald kommen. Ob er einen Kaffee wolle, wurde Laurenz auch gefragt. Zumindest war das so wie in den Filmen. Laurenz wollte keinen Kaffee.

Und nun wartete er bereits seit einer halben Stunde. Auf diese Weise ging der Geografiekurs an ihm vorbei. Gut oder schlecht, eigentlich gleichgültig. Zeit also für die anderen Gedanken.

Es hatte mit dem Hexenring angefangen.

Sie waren durch den Wald gelaufen, abseits der Wege, quer durch das Unterholz. Ein bisschen ausgelassen waren sie über Gräben gehüpft, hatten sich geküsst, hatten sich ins Moos gekniet und den Ameisen zugeschaut, die in geradezu überdrehtem Tempo Fichtennadeln von da nach dort schleppten.

Am Rande der Lichtung entdeckten sie dann die Pilze. Filigrane Stielchen mit fast runden Köpfen von rostbrauner Farbe. Sie standen im Kreis und es sah so aus, als hätte ein Gärtner mit dem Zirkel diesen Kreis mit dem Durchmesser einer Schrittlänge gezogen und dann mit geradezu pingeliger Akkuratesse diese zierlichen Pilze in gleichem Abstand an den Rand des Kreises gepflanzt.

»Ein Hexenring«, sagte Donata bewundernd. »Magie. Früher glaubten die Leute, dass solche Zauberkreise von den Waldhexen stammen. Wer in den Hexenring tritt, muss sterben. Die Biologen wissen bis heute nicht, wie solche Pilzformationen zustande kommen. Vielleicht ist ja wirklich eine magische Kraft am Werk.«

»Dann durchbreche ich den Hexenzauber!«, rief Laurenz und sprang in den Kreis hinein, stieß einen Tarzanschrei aus und murmelte: »Weichet, ihr Mächte der Finsternis, denn der furchtlose Ritter Laurenz hat euch besiegt!«

»Lass das!« Donatas Gesicht war mit einem Mal sehr ernst, beinahe böse. »Ich finde das nicht witzig.« Dann war es so, als spräche sie zu sich selber. »Ich spüre, dass ich mich auch am Rande eines Hexenringes befinde. Seit Wochen spüre ich das schon. Ich kann nicht eindringen, eine magische Kraft wehrt mich ab. Als ob mein Bewusstsein gelähmt wäre. Ich fühle ganz genau, dass da etwas Rätselhaftes ist, was ich eigentlich wissen müsste, aber da ist eine Sperre. Black-out. Meine Gedanken können nicht eindringen in den Hexenring.«

»Was ist los mit dir?«, fragte Laurenz.

»Pass auf, dass du die Pilze nicht zertrittst!«

Auf dem Heimweg war Donata schweigsam. Laurenz versuchte wieder und wieder die Freundin aufzuheitern. Donata gab nur knappe Antworten. In ihren Gedanken war sie sehr weit fort.

Der Warteraum war überheizt. Laurenz wischte sich Schweiß von der Stirn, die Ledermütze nahm er aber nicht ab. Ein Geschenk von Donata. Und er dachte die Sätze, die sie dann ein paar Tage später gesagt hatte: »Laurenz, ich brauche jetzt ganz viel

Luft zum Atmen. Ich habe mich verändert, ich bin erwachsen geworden ...«

Laurenz schrak auf, als die Tür plötzlich mit heftigem Ruck aufgestoßen wurde. Eine ziemlich fette Frau in zu engem Wollkleid sagte freundlich, Kommissar Urban sei nun in seinem Büro.

»Was will er denn bloß von mir?«, fragte Laurenz und stand von der Bank auf. Cool!, dachte er. Mach jetzt nur ja auf cool, Junge! Schluss mit Weichei!

»Das wird er Ihnen wohl selber sagen. Wenn Sie mir bitte folgen würden.« Die Frau wies mit einer Kopfbewegung die Richtung.

»Okay«, sagte Laurenz, »mach ich doch glatt.«

Die zweite Drohung

Urban traf im Büro auf einen reichlich frustrierten Pitsch Kopke. Seine Versuche mit Buchstabenverschiebungen und Wortverdrehungen hatten nichts gebracht, obwohl Kopke die Letternkolonne bündelweise zu Vergleichen und Ähnlichkeitsanalysen über den Bildschirm gejagt hatte. Misserfolge machten ihn sauer, da halfen auch die Süßigkeiten aus den unermesslichen Tiefen seiner Jackentaschen nicht.

»Wahrscheinlich ist das alles einfacher, als wir uns das denken«, sagte Urban. »Die Richtung stimmt nicht. Aber du hast es gut, du darfst nämlich nach Wesel fahren. Das wolltest du doch schon immer mal, stimmt's?«

»Ausgerechnet!«, stöhnte Kopke. »Emsland, Münsterland, Niederrhein: alles das gleiche Matschland! Mein Bericht für die Staatsanwaltschaft, der macht sich nicht von selbst. Und was soll ich ausgerechnet in Wesel?«

Urban nahm vorsichtig den Prospekt aus der Folie und rief über die Gegensprechanlage nach Lochthowe. Dann wandte er sich wieder Pitsch Kopke zu. »Wir brauchen Informationen über einen Hartwig Osthaus, der in Wesel geboren wurde. Ich wette meinen Blinddarm gegen zehn Meter Bratwurst, dass unser Abrissunternehmer Osthaus der falsche Osthaus ist.«

»Kannst du das mal so erklären, dass selbst ich das verstehe, du großer weißer Jäger?« Kopkes schlechte Laune verschlechterte sich noch um einige Grade, denn er hatte offensichtlich keine Lust nach Wesel zu fahren, obwohl der Herbsttag strahlend und die Autofahrt vermutlich angenehm war.

»Klar«, sagte Urban, »kann ich. Osthaus behauptet, dass er als Kind oft im Amphitheater von Wesel gespielt hat. Der Witz ist nur, dass es solch ein Theater in Wesel gar nicht gibt. Das gibt's in Xanten. Und der seltsame Herr Osthaus findet es auch sehr schön, dass Wesel noch so viel alte Bausubstanz besitzt, weil es im Krieg von Zerstörungen verschont geblieben ist.«

»Und wo ist da der Witz?«, wollte Pitsch Kopke wissen.

»Gar kein Witz. Wesel ist schrecklich bombardiert und beschossen worden. Osthaus lügt.«

Kopke grinste. »Hast du ihn reingelegt?«

»Das wird sich zeigen. Auf jeden Fall ist irgendein Hartwig Osthaus in Wesel geboren worden. Die Daten haben wir ja. Und hier, schau dir das an!« Urban hielt den Hochglanzprospekt hoch und zeigte auf das Foto. »Das ist unser Herr Osthaus. Von diesem Bildchen müssen wir Computer-Simulationen anfertigen. Wie hat der Mann vor – sagen wir mal – rund zwanzig Jahren ungefähr ausgesehen? Mit Schnurrbart. Mit Backenbart. Mit Kinnbart. Was für Haarmoden gab es damals? Wir müssen ihn jünger machen, in sämtlichen Spielarten. Und die Bilder nimmst du dann mit nach Wesel, kapiert?«

»Ja, Bwana, kapiert. Ich sehe bloß so doof aus.«

»Die Kollegen in Wesel sollen dir Amtshilfe leisten. Leben dort Verwandte von einem Hartwig Osthaus? Was ist mit der verstorbenen Frau? Gibt es Leute, die sich erinnern und ihn identifizieren könnten? – Mensch, Pitsch, das muss ich dir doch nicht groß erklären!«

Dietmar Lochthowe kam gestampft. Auch seine Laune war irgendwo in Gefrierpunktnähe. »Geht es immer noch um den toten Gaul? Ich hab jede Menge um die Ohren und meine Leute …«

»Amen!« Urban hob beide Hände. »Hier auf diesem Prospekt befinden sich außer meinen Pratzen ein paar wunderschöne Fingerabdrücke.« Er nahm die Broschüre mit einer Pinzette hoch und reichte sie Lochthowe. »Bitte! Sogar auf Kunstdruckpapier. Fixieren, vergrößern – na, das Übliche. Und von dem Konterfei dieses dynamischen Unternehmertyps brauchen wir allerlei Simulationen. Pitsch weiß Bescheid. Und jetzt will ich nur noch fröhliche Gesichter und erstklassige Arbeitsergebnisse sehen. Ende der Sendung!« Doch dann hielt Urban den Chef der Abteilung für Spurensicherung noch zurück. »Sekunde. Die Telefonnummer muss ich mir noch notieren, die hat Osthaus mir extra mitgegeben. Wir müssen versuchen an seine Tochter ranzukommen.«

Als Kopke und Lochthowe den Raum verlassen hatten, rief Urban nach der Sekretärin. Die Frau im Wollkleid kam eilfertig mit Block und Bleistift.

»Was liegt an?«

»Ach, Frau Olbricht, dass wenigstens Sie nicht so griesgrämig in die Weltgeschichte schauen!« Urban schob der Frau den Notizzettel mit der Rufnummer zu. »Ist Wibke Terhoff irgendwo im Hause?«

»Keine Ahnung. Soll ich sie suchen?«

»Ja, bitte. Sie soll mal ganz vorsichtig Kontakt mit Donata Osthaus aufnehmen. Ich weiß nicht, ob das Mädchen schon ansprechbar ist, aber ohne sie kommen wir vermutlich nicht weiter.«

»Ist das die mit dem toten Pferd? Armes Ding!«

Urban nickte. »Ja, es ist die mit dem toten Pferd.« Er dachte: Es ist die ohne das lebende Pferd. »Diese verdammte Sache hat sie bestimmt schlimm getroffen. Trotzdem, wir müssen mit ihr reden. Der Junge mit der Ledermütze, ist der jetzt da?«

»Sicher doch! Der wartet schon seit 'ner Ewigkeit. Soll ich ihn reinholen? Kaffee wollte er nicht.«

»Holen Sie ihn, Frau Olbricht! Der Name?«

»Pfeiffer. Laurenz Pfeiffer. Ist achtzehn Jahre alt. Spengler meint, in der Schule halten ihn alle für den Pferdeschlitzer. Was glauben Sie?«

»Seit wann bin ich für Glaubensfragen zuständig?« Urban dachte: Wahrscheinlich habe ich die schlechteste Laune von allen. Sicher, er hatte eine dunkle Ahnung, aber ein Motiv sah er noch immer nicht.

Laurenz war erstaunt, als er dem Kommissar gegenüberstand. So hatte er sich einen Kriminalkommissar nicht vorgestellt. Hatte er überhaupt eine Vorstellung gehabt? Vielleicht wieder eine Erinnerung an die falschen Filme. Dieser Kommissar wirkte merkwürdig jung und alt zugleich. Er konnte dreißig Jahre alt sein oder vierzig oder fünfzig. Schlanke Figur, das glatte Haar – dunkelblond oder grau oder farblos? – in die Stirn hängend. Es war wohl die Brille mit den runden Gläsern, die das Gesicht auf den ersten Blick jungenhaft erscheinen ließen, die harten Linien um den Mund passten aber nicht zu diesem Eindruck. Cool bleiben!, redete Laurenz sich noch einmal ein.

»Mein Name ist Urban«, sagte der Kommissar und zeigte auf den Stuhl vor dem Schreibtisch. »Wenn Sie Platz nehmen möchten, Herr Pfeiffer.«

»Ich bleibe lieber stehen.« Laurenz dachte: Herr Pfeiffer? Wie sich das anhört! Wann wurde er schon einmal so angeredet! Doch nur für eine Sekunde war er versucht zu sagen: Nennen Sie mich einfach Laurenz! »Muss ich mich eigentlich hier verhören lassen?«

Der Kommissar blieb auch stehen. »Unsinn, Sie werden doch nicht verhört. Ich hätte auch zu Ihnen in die Schule kommen können oder nach Hause, aber ich nehme an, dass Ihnen ein Gespräch ohne Publikum lieber ist. Ich erwarte mir einige Hinweise von Ihnen.«

»Ich hab mit der Sache nix am Hut.« Laurenz war mit diesem Satz zufrieden und ziemlich locker hatte er ihn gesagt.

»Sagt Ihnen das Wort Ntambu etwas?«

»Tambu?« Laurenz schüttelte entschieden den Kopf. »Tomba kenne ich. Das ist so 'n italienischer Skifahrer.«

Urban lächelte dünn. »War nur so eine Frage. Verpassen Sie jetzt viel in der Schule? Ich meine, weil wir Sie einfach aus dem Unterricht geholt haben.«

»Geht so.« Laurenz winkte ab, als wollte er ausdrücken, dass das für ihn kein Thema sei. Als er sah, wie der Kommissar sich seine leicht verknitterte Leinenjacke anzog, fragte er sich unwillkürlich, ob diese schwarze Jacke gammelig oder elegant wirkte. Es machte ihn unsicher, dass er den Kripomann nicht einschätzen konnte.

»Ich würde gern mit Ihnen zum Uhlenhof fahren«, sagte Urban. »Würden Sie mitkommen?«

»Aber der alte Osthaus ... Ich meine ...« Laurenz fühlte sich nicht wohl in seiner Haut. »Und Donata wird mich nicht sehen wollen. Vielleicht meint sie auch ...«

Der Kommissar unterbrach ihn. »Wir wollen nicht hinein in das Anwesen. Nur so eine Art Tatortbesichtigung. Sie haben doch gestern Abend an der Brücke gestanden. Richtig?«

»Ja, richtig. Der Hoppy Matzek, der hat mich gesehen. Angemotzt hat er mich. Wissen Sie's von dem, dass ich da war? Ich habe mich aber verdrückt, als die Autos dann kamen. Polizei und Osthaus und so. Na ja – und Donata in ihrem Mini. Sonst weiß ich nichts.«

»Vielleicht erinnern Sie sich an irgendwas, wenn wir an Ort und Stelle sind.« Urban drückte eine Taste der Gegensprechanlage auf seinem Schreibtisch. »Frau Olbricht, ich bin mal für'n Stündchen unterwegs.« Dann nahm er Laurenz beim Arm. »Können wir?«

Ein Wohnmobil! Laurenz wollte es zuerst nicht glauben, als der Kommissar ihn zu dem voluminösen Vehikel führte, das auf dem Hof des Präsidiums zwischen allerlei Mittelklassewagen und grünweißen Polizeifahrzeugen abgestellt war. »Fahren wir etwa mit diesem Ding?«

»Ja, mit diesem Ding. Was dagegen?«

»Nee«, antwortete Laurenz cool, weil ihm einfiel, dass er die ganz gelassene Nummer abziehen wollte. »Von mir aus können wir auch mit 'ner Dampflok fahren. Es ist nur ein bisschen ungewöhnlich, finde ich.«

»Ist es«, bestätigte der Kommissar. »Aber manchmal ist es auch sehr praktisch.«

»Ich verstehe. So ein fahrbares Büro.«

»I wo!« Der Kommissar schloss lachend die Seitentür auf und ließ Laurenz einsteigen. »Meine Zweitwohnung. Manchmal muss ich irgendwo in der Provinz übernachten.«

Wieder staunte Laurenz. Er sah Bücher, eine Stereo-Anlage, eine Box mit etlichen Flaschen Rotwein. Das Wohnmobil wirkte tatsächlich so gemütlich wie eine kleine Wohnung.

Sie fuhren in östlicher Richtung stadtauswärts. Das Land leuchtete in der Spätherbstsonne. Über dem Nadelgehölz kreisten Bussarde. In den Ackerfurchen glitzerte die Nässe. Die Propeller der fernen Windkraftanlage bewegten sich ruhig.

Laurenz fing dann einfach an zu reden. »Ich wollte unbedingt, dass sie mir die Gründe sagt, warum plötzlich alles aus sein soll. Darum hab ich gestern vor dem Uhlenhof auf sie gewartet. Dass wir befreundet waren, Donata Osthaus und ich, und dass sie so ganz aus heiterem Himmel Schluss machen wollte, das werden Sie ja vermutlich schon ausbaldowert haben, schätze ich.«

»Ausbaldowert?« Kommissar Urban lachte kurz auf. »Wie das Leben so spielt. Können Sie sich irgendjemanden vorstellen, der ihr schaden will, der sie so richtig treffen will?«

»Ausgeschlossen!« Laurenz schrie das fast. »Völlig absurd. Donata ist überall beliebt. Nein, sie hat keine Feinde oder so. Da bin ich mir ganz sicher, da gibt's überhaupt keinen Zweifel.«

»Und ihr Vater?«, fragte Urban. »Ob der wohl Feinde hat?«

»Ich zum Beispiel!«, fauchte Laurenz. »Ich bin sein Feind. Er konnte mich von Anfang an nicht leiden. Vermutlich nicht schickimicki genug für seine Tochter. Richtig aggressiv geworden ist er aber erst, als er rausgekriegt hatte, dass das mit Donata und mir im Eimer war. Da wollte er mich sogar von der Straße verscheuchen. Vor seinem protzigen Uhlenhof war das. Aber dass er was gegen mich hat, das hatte ich vorher schon raus. Deswegen war ich auch nie bei Donata zu Hause. Komisch, nicht?«

»Zumindest eigenartig«, sagte Urban.

»Obwohl ich locker zu ihr rauf gekonnt hätte in ihre Etage. Da hätte der Alte ihr nicht reingeredet. Sie hat bei ihm jede Freiheit. Ich sag's nicht gern, weil er mir unsympathisch ist, aber der liebt seine Tochter über alles. Da beißt keine Maus 'nen Faden ab.«

Urban erklärte, dass er diesen Eindruck auch gewonnen habe. Eine Weile schwiegen sie. Laurenz begriff natürlich, dass der Kommissar ihn nicht nur durch die Landschaft chauffierte, damit er am Tatort vielleicht seine Erinnerung auffrischte, sondern damit er Informationen lieferte. Er wurde sich jedoch nicht klar darüber, ob er zur Mitarbeit bereit war oder ob er mauern wollte. Donata hatte ihn verletzt, die Mitschüler spielten Mobbing, den alten Osthaus hielt er für einen überheblichen und selbstgerechten Armleuchter. Also?

Hatte Urban diese Gedanken gelesen? »Wir können nicht ausschließen«, sagte er, »dass Donata Osthaus sich in Gefahr befindet.«

Klar, Laurenz verstand, was diese Bemerkung zu bedeuten hatte: Sagen Sie alles, was Sie wissen! So etwa war das wohl gemeint. Er verzog verächtlich den Mund. »Die unterstellen mir, dass ich ein Pferd totmachen könnte. Ausgerechnet ich! Und dann noch ausgerechnet Donatas weiße Stute! Das ist doch ein makaberer Witz.«

Der Kommissar ging nicht darauf ein. »Wir verändern uns alle. Grauenhaft, wenn es nicht so wäre! Aber haben Sie in letzter Zeit bei Donata Osthaus Besonderheiten oder Szenen registriert, die so abrupt und einschneidend waren, dass Sie danach dachten: Sie ist eine andere geworden! – Jetzt mal abgesehen vom Ende Ihrer persönlichen Freundschaft.«

Laurenz sagte leise: »Über private Dinge möchte ich nicht so gern reden. Verstehen Sie doch, oder?« Er dachte: Vom Hexenring werde ich jedenfalls kein Wort erwähnen. So etwas kann man doch keinem fremden Menschen erzählen.

Der Kommissar schlug mit den Handflächen auf das Lenkrad. »Es liegt ganz bei Ihnen. Aber es könnte ja sein, dass Sie unsere Ermittlungen unterstützen wollen. Manchmal sind scheinbar unwichtige Ereignisse in Wirklichkeit gar nicht so unwichtig.«

Laurenz überlegte einige Atemzüge lang. »Wir waren beide bei der KJG ziemlich engagiert, Donata und ich. Irgendwann wollte sie nicht mehr mitmachen. So von heute auf morgen. Das passte nicht zu ihr. So was Spontanes, meine ich.«

»KJG?«, fragte Urban. »Sportverein?«

Laurenz kicherte. »Katholische Junge Gemeinde. Pfarrjugend. Kann man auch einfach sagen: Pfarrjugend. Die Jugendorganisation der Kirchengemeinde.«

»Klar. Ich verstehe. Und weiter?«

Jetzt war es Laurenz peinlich, dass er dieses Thema angeschnitten hatte, aber es war nun einmal geschehen. »Donata war richtig wütend. Auf sich selber übrigens. Wieso sie immer an Gott geglaubt habe – einfach so blind. Ich bin da wirklich erschrocken. Allmächtig, allgütig, allwissend, allgegenwärtig und außerdem noch ewig. Das sei ihr ein bisschen zu viel, meinte sie. Vielleicht wollte sie mich provozieren, ich weiß nicht. Jedenfalls wurde sie höhnisch. Das Weltall würde sich mit rasender Geschwindigkeit ausdehnen, das sei für einen einzigen Gott garantiert eine Nummer zu groß und vermutlich habe jedes Sonnensystem einen eigenen Gott. So in diesen Tönen. Und allgütig und allmächtig, das widerspreche sich sowieso. Ein gütiger Gott, der die Macht dazu hätte, der Menschheit all das schreckliche Leid zu ersparen, würde das auch tun. Also, vielleicht allgütig aber nicht allmächtig. Oder vielleicht nur allmächtig, aber nicht besonders gütig. Es könne ja sein, dass es Gott Spaß mache, die Erdenmenschen zu quälen. Oder er schaffe es einfach nicht, den Menschen aus ihrer Scheiße rauszuhelfen. So in diesen Tönen!« Laurenz hatte sich in Rage geredet. Er atmete heftig und schob sich die Ledermütze aus der Stirn. Was ging das eigentlich den Kommissar an? Was hatte das mit diesem Fall von Tiermord zu tun?

Urban sagte: »Ja, das sind so die alten Fragen. Damit hat sich schon der Philosoph Epikur so runde dreihundert Jahre vor Christus beschäftigt. Damals war allerdings der Gott Zeus gemeint, aber das Muster ist das gleiche.«

»Und dann«, sagte Laurenz, »biss sie sich an dem Wort *ewig* fest. Ewig ist Quatsch. Ohne Anfang und ohne Ende, das könne man gar nicht denken. Und was man nicht denken kann, erklärte sie, das kann man auch nicht glauben. Ich hab ihr gesagt: Stell dir mal 'nen Ring vor, der hat auch keinen Anfang und kein Ende. Das fand sie aber nicht witzig. Ringe würden bekanntlich von Goldschmieden hergestellt und viele Eheleute mit hübschen Ewigkeitsringen an den Fingern ließen sich auch wieder scheiden. – Ich wusste erst nix zu sagen.«

»Und dann?«, bohrte der Kommissar weiter. »Haben Sie dann was gesagt?«

Macht der sich lustig über mich?, überlegte Laurenz. Fast trotzig antwortete er: »Ich hab gesagt, über den Papst und über das andere Bodenpersonal könne sie ja meinetwegen lästern, aber an Gott müsse man doch wohl glauben.«

Urban stieß Laurenz mit dem Ellenbogen an. »Ich denke, Sie sind in der Oberstufe eines Gymnasiums! Glauben *müssen*? Meinen Sie nicht, dass das ein Widerspruch in sich selbst ist? Dann wär Glauben doch nur so etwas wie Gehorchen. Trainiert man in Ihrer Penne das logische Denken nicht?«

Laurenz wusste nicht, was er darauf antworten sollte. Er hatte auch keine Lust sich zu rechtfertigen. Er schaute durch das rechte Seitenfenster und ließ die Landschaft wie einen Film vorbeigleiten. Grüne Spitzen vom Wintergetreide, ausgebleichte Reste vom Mais, Wallhecken im Hintergrund. »Was die Besonderheiten betrifft, also, da hat's wohl mal einen Krach gegeben zwischen Donata und ihrem Alten. Das war ungewöhnlich, denn sonst zofften sie sich nie. Sagte ich ja schon, dass Donata alles machen durfte, was sie wollte.«

»Um was ging es bei diesem Krach?«

»Sie hat es mir nicht gesagt. Eigentlich hab ich's auch nur so gespürt. Und dann war noch was. Auf einmal fing sie an von ihrer Mutter zu reden. All die Jahre hat sie kein Wort über ihre Mutter gesagt. Die hat sie ja auch nicht kennen gelernt, weil sie noch ein Winzling war, als die Mutter starb. Sie hatte bloß ihren Vater. Der hat ihr gesagt: Du kannst dich nicht an Mutter erinnern, du warst doch noch ein Baby. Aber Donata hatte dann auf einmal so eine komische Idee, die konnte ich auch nicht begreifen.«

»Etwas genauer bitte!«, forderte Kommissar Urban.

»Das ist ja noch nicht lange her, da sagte sie zu mir, dass sie in ihrem Unbewussten ein Bild von ihrer Mutter habe, so was wie eine konkrete Erinnerung. Geht gar nicht, hab ich ihr zu erklären versucht. Wenn du mal grad ein Jahr alt warst. Sie hat widersprochen. Da wär was in ihrer Erinnerung. Aber ihr Bewusstsein würd sich dagegen sperren. Ich hab gemerkt, wie sie sich gequält hat. Ich konnte ihr aber nicht helfen. Völlig verbohrt war sie in den Gedanken sich an ihre Mutter zu erinnern. Dass sie ihr Bewusstsein austricksen müsse, meinte sie, die Sperre, die müsse weg. Aber fragen Sie mich nicht weiter, ich hab das alles nicht verstanden. Jedenfalls waren das solche Szenen, wo ich dachte: Donata hat sich so seltsam verändert.«

»Haben Sie mal Fotos von Donatas Mutter gesehen?«, fragte Urban.

»Fotos? Da gibt's wohl keine. Donata ist ja auch in Afrika auf die Welt gekommen.«

Das Wohnmobil schlingerte für einen Augenblick, als der Kommissar sich heftig mit der flachen Hand gegen die Stirn schlug.

»Heureka! Nicht zu fassen, wie vertrottelt ich schon bin. Afrika! Da leck mich doch einer! Ntambu. Ich sollte den Beruf wechseln.«

Natürlich konnte Laurenz das nicht begreifen. Sie waren angekommen. Urban fuhr das Wohnmobil auf den Randstreifen bei der kleinen Brücke. Eigentlich führte die Allee auf das Tor vom Uhlenhof zu, doch nach rechts und nach links gingen asphaltierte Wege ab, die das Anwesen umrundeten. Auf dem Straßenschild stand: *Landw. und forstw. Fahrzeuge frei.*

Kommissar Urban stellte den Motor ab. »Dann wollen wir mal.«

Auf der Koppel grasten die Pferde. Es waren nur noch drei Pferde. Laurenz erkannte, dass jemand auf dem Gatter hockte. Hoppy Matzek. Zuerst glaubte Laurenz, dass der Mann ein Gewehr geschultert habe, doch es war nur die Krücke. Matzek bewachte also jetzt die Pferde.

Kommissar Urban hob grüßend die Hand, Matzek grüßte aus der Ferne zurück und schwenkte die Krücke. Er rief auch etwas, das war aber nicht zu verstehen.

»Wo haben Sie gestern Abend gestanden?«, fragte Urban. »Bitte, nehmen Sie die gleiche Position ein!«

Laurenz lehnte sich ans Brückengeländer. »Hier ungefähr. Es war aber schon ziemlich dämmrig. Und dann der Nebel. Eine ganz tiefe Nebelschicht lag über der Weide, Bauchhöhe so etwa. Darüber war es noch einigermaßen klar, die Pferde konnte ich ganz gut erkennen, aber ich hab nicht so genau hingeschaut.«

Urban nickte. »Weil Sie auf Donata Osthaus warteten. Dass auf einmal nur noch drei Pferde zu sehen waren, ist Ihnen nicht aufgefallen?«

»Bei der Entfernung? Nee! Aber dass da so ein Typ rumgegeistert ist, das hab ich bemerkt. Erst dachte ich, das wär Matzek, dass der was bei den Pferden zu tun hätte. Ich hab mir weiter keine Gedanken gemacht. Ein bisschen spukig sah das aus. Nur so ein Oberkörper über der Nebelschicht.«

Urban fragte: »Konnten Sie erkennen, ob es ein Mann oder eine Frau war?«

»Irgendwas auf zwei Beinen«, sagte Laurenz. »Ein Bär oder ein Gorilla hätte es auch sein können. Erstens war die Sicht ja miserabel und zweitens hat's mich auch nicht interessiert. Weil ich doch auf Donata gewartet hab! Als die dann vorbeifuhr und mich nicht mal angeschaut hat und ganz verheult war, da war mir sowieso alles scheißegal.«

Urban sagte: »Kann ich verstehen. Ihr Vater hatte ihr ja über ihr Handy mitgeteilt, dass die Stute tot sei. Da war sie wahrscheinlich außer sich.«

»Handy?« Laurenz guckte den Kommissar schief von der Seite an. »Sie hat gar kein Handy. Mag die Dinger nicht leiden.«

»Ich auch nicht«, sagte Urban, »ich mag die Dinger auch nicht leiden. Aber das ändert nichts an der Tatsache, dass Herr Osthaus mir erklärt hat, Donata habe noch in der Schule zu tun gehabt und er hätte sie dort über ihr Handy erreicht. Da scheint was nicht zu stimmen, oder?«

Laurenz verzog das Gesicht. »In der Schule? Sie hatte garantiert nichts in der Schule zu tun. Da bin ich mir hundertprozentig sicher. Die war ganz woanders.« Er starrte auf das düstere Metalltor, das wirkte abweisend und drohend, als gehörte es zu einem Gefängnis oder einem militärischen Sperrgebiet und kontrastierte grotesk mit dem weißen Gebäude im Hintergrund und der hellen Ringmauer, die das Anwesen umgab. Bestimmt ist sie zu Hause, dachte Laurenz, nur zweihundert Schritte von mir entfernt, und sie ahnt nicht, dass ich hier stehe und meine Gedanken zu ihr schicke. Aber es sind ja auch keine zweihundert Schritte, es sind inzwischen zweihundert Lichtjahre. Die Zeile, die er aus irgendeinem Schlager kannte, fiel ihm ein: Mir tut das Herz so weh. Dabei wusste er doch genau, dass Liebe nicht im Herzen stattfindet, sondern im Kopf. Laurenz sah es nicht, doch er spürte es körperlich, dass der Kommissar ihn von der Seite scharf beobachtete. Und wenn schon! Was für eine Rolle spielte das?

»Denken Sie genau nach, konzentrieren Sie sich auf gestern Abend!«, forderte Urban. »Ist Ihnen sonst noch irgendetwas aufgefallen? Die Gestalt, die Sie gesehen haben, war die plötzlich verschwunden? In Luft wird sie sich wohl kaum aufgelöst haben.«

Laurenz schüttelte sich, als müsste er aus dem Schlaf aufwachen. »Ein Motorgeräusch! Von der anderen Seite der Pferdeweide kam das. Da ist irgendjemand mit einem Auto weggefahren.«

»Gesehen haben Sie das Fahrzeug aber nicht?«

»Nein«, sagte Laurenz, »dafür war es zu dunstig. Jedenfalls war es kein Trecker und auch kein Lastwagen. Aber was mit 'nem starken Motor. Porsche oder so.« Er zeigte ungefähr die Richtung an, die er vermutete. »Irgendwo dahinten. Bei Nebel täuschen solche Geräusche ja manchmal.«

»Richtig. Meist verstärkt der Nebel die Schallwellen, aber er verzerrt sie auch. Da kann man sich ganz schön irren, ich meine, was die Richtung betrifft. Die Leute von unserer Spurensicherung haben festgestellt, dass oben am Hügelrand ein befestigter Feldweg verläuft. Gegossene Betonplatten. Mit Reifenspuren spielt sich also leider nichts ab. Fällt Ihnen sonst nichts ein?«

Die drei Pferde trabten auf Hoppy Matzek zu. Vermutlich hatte der Mann ihnen irgendwelche Leckerbissen hingehalten. Apfel- oder Brotstücke vielleicht. In den Kronen der Eschen balgten sich Krähen.

»Nichts«, sagte Laurenz, »tut mir Leid. Herr Matzek kam nach einer Weile aufgeregt zurück zum Haus. Da hatte er wohl gerade das tote Pferd gefunden. Und dann war ja auch bald die Polente da.«

Sie fuhren zurück zur Stadt. Laurenz hatte den Eindruck, dass der Kommissar konzentriert über irgendetwas nachdachte. Nach seiner Ansicht war das Ergebnis dieser Ortsbesichtigung geradezu dürftig. Und welche Einsichten hatte der Kripomann wohl aus dem Gespräch gewonnen?

»Liebt sie Jazz?«, fragte Urban plötzlich.

Laurenz reagierte geradezu begeistert. »Das können Sie aber laut sagen! Hat sie von mir. Ich hab sie angesteckt. Wie kommen Sie darauf?«

»Gestern Abend, als ich mit Herrn Osthaus sprach, da hab ich Musik aus dem Obergeschoss gehört. Charlie Parker, glaube ich. Jedenfalls Saxophon.«

»Den mag Donata von allen am liebsten. Charlie Parker: The Bird!« Unwillkürlich summte Laurenz eine kleine Melodie. »Wir haben uns bei mir zu Hause oft stundenlang alte Jazzplatten angehört, Donata und ich. Lester Young, Zoot Sims, Bud Shank – na ja, alle die großen Saxophonisten. Coleman Hawkins, Stan Getz. Charlie Parker war ihr der liebste. Aber nicht, dass Sie denken, wir sind bloß auf Saxophonbläser scharf. Woody Herman, Benny Goodman, Miles Davis, Lionel Hampton. Klar, Ella und den ollen Armstrong, solche Sachen auch. Ich hab von 'nem Onkel Schellackplatten von der Original Dixieland Jazzband mit Eddie Edwarts geerbt. Achtundsiebziger Umdrehung noch. Pah, ganz starker Sound! Verstehen Sie was vom Jazz?«

Urban lachte. »Bisschen schon. Jedenfalls liebe ich den Jazz, besonders den Blues. Damals, als ich Studiker war, hab ich sogar mal in einer Band mitgespielt. Posaune. Aber bloß mittelmäßig. Ein Kid Ory oder ein Jack Teagarden bin ich leider nie gewesen.«

»Ich würd verdammt gern ein Instrument spielen«, sagte Laurenz. »Hat sich nicht ergeben. Meine Eltern, die hielten nichts davon. Hatte wahrscheinlich auch finanzielle Gründe. Ich kann nur so 'n paar Akkorde auf der Klampfe klimpern, aber das können in den Jugendvereinen ja fast alle.«

»Und Donata Osthaus?«, wollte Urban wissen. »Macht sie selber auch Musik?«

»Sie malt. Auf Deubel komm raus malt sie seit einiger Zeit. Ich kenne bloß die Bilder, die sie in der Schule macht. Bei ihr zu Hause muss es massenhaft Bilder von ihr geben. Tausende, schätze ich mal. Aber ich war ja nie bei ihr zu Hause. Sagte ich ja schon.«

»Ja, das sagten Sie schon.«

»Heidenreuther!« Laurenz schrie den Namen gegen das Motorgeräusch an. »Der hat sie auf diesen Trip gebracht. Auf den ist Donata voll abgefahren, auf diesen Schleimscheißer. Begnadete Begabung und solchen Käse schmeichelt der Saftsack ihr ein. Er behauptet, er fördert sie, aber ich seh das anders. Der schmeißt sich an sie ran!« Laurenz hatte sich in Zorn geredet, er fuchtelte mit den Armen. »Gestern Nachmittag ist sie ja auch wieder bei ihm gewesen. Zu Hause bei ihm! Und da hat der alte Osthaus sie erreicht. Nicht in der Schule. Und der hinterhältige Herr Kunsterzieher, der hat die Schuld, dass unsere Freundschaft ...« Laurenz brach ab. Er schämte sich. Das ging den Kommissar nichts an.

Urban schien an diesem Thema auch nicht weiter interessiert zu sein. Erst nach ein paar Minuten, da näherten sie sich schon dem Außenbezirk der Stadt, fragte er unvermittelt: »Raucht Donata Osthaus eigentlich?«

Doofe Frage! Laurenz war verblüfft. Was hatte das denn mit den

Ermittlungen nach einem Pferdeschänder zu tun? »Ja, seit kurzer Zeit ... Eigentlich aber nicht so ...« Laurenz geriet ins Stottern und brach erschrocken ab. Ich bin ein Vollidiot, schimpfte er in sich hinein. Er hatte gern mit dem Kommissar geredet, das Gespräch hatte ihn erleichtert, denn zu viel hatte sich aufgestaut in den vergangenen Tagen. Aber in diesem Augenblick begriff Laurenz, dass er sich wie ein Naivling hatte täuschen lassen. Wahrscheinlich lag es daran, dass Kommissar Urban so normal aussah, so locker, so harmlos. Doch nun machte es klick. Laurenz begriff: Er hat mich die ganze Zeit ausgehorcht. Er ist ein verdammter Fuchs! »Nee, das kann man nicht sagen, dass sie raucht«, murmelte er.

»War ja auch nur so 'ne Frage«, entgegnete Urban und hob leicht die Hand, als wollte er andeuten, dass es ihm im Grunde auch völlig egal sei.

Laurenz glaubte ihm das aber nicht. Er sagte: »Können Sie mich bei der Schule absetzen? Meine Klamotten, ich muss meine Klamotten noch holen. Und mein Fahrrad.«

»Sicher. Gibt's eigentlich so etwas wie einen speziellen Vertrauenslehrer für die Oberstufe?«

»Die Knüppel. Das ist kein Spitzname, sie heißt wirklich so. Oberstudienrätin. Wieso wollen Sie das wissen?«

Urban schaltete herunter, denn sie hatten die Zufahrt zum Humboldt-Gymnasium erreicht. »War auch nur so 'ne Frage.«

Die Stimme der Frau war angenehm gewesen. Wibke Terhoff heiße sie, hatte die Frau gesagt, die kurz nach Mittag angerufen hatte, und dass sie als Beraterin für die Staatsanwaltschaft und für die Kriminalpolizei tätig sei, hatte sie erwähnt und dass ihr die heimtückische Tötung des weißen Pferdes unheimlich an die Nieren gegangen sei, weil sie Tiere liebe und weil sie auch selber Reiterin sei. Der Täter müsse unbedingt gefasst werden und dabei könne Donata vielleicht behilflich sein. Das sah Donata zwar anders, doch sie hatte sich bereit erklärt zu einem Gespräch mit dieser Frau.

Die Frau hatte vorgeschlagen, dass man sich vielleicht zum Tee im Uhlenhof treffen könne, doch Donata war für einen neutralen Ort gewesen. Und so hatten sie sich für drei Uhr im Café Kluse verabredet.

Als Donata in die Diele kam, kraulte sie die Dogge, die aber nur schläfrig blinzelte, und langte sich ihren Autoschlüssel vom Schlüsselbrett.

Da kam Grete Matzek aus der Küche. »Kindchen! Willst du wirklich wegfahren? Du bist noch nicht in der richtigen Verfassung. Faladas Tod hat dich zu sehr mitgenommen.«

»Ich lasse mich nicht hängen.« Donata lief zur Garage, die sich neben der Stallung befand, und stieg in ihren Mini-Cooper. Als sie das Grundstück verlassen hatte, legte sie eine Duke-Ellington-Kassette ein.

Plötzlich, als sie an der Haselstrauchhecke entlangfuhr, knallte der Schuss. Wie ein jäher Hagelschauer war das, als die rechte Seite des Mini getroffen wurde. Der kleine Wagen vibrierte. Donata wusste sofort, dass jemand mit einer Schrotladung auf ihr Auto geschossen hatte. Sie wunderte sich nur, dass sie nicht in Panik geriet. An der Schneise des Eschenwäldchens wendete sie und raste zum Uhlenhof zurück. Frau Matzek ließ entsetzt einen Glaskrug fallen, der zerschellte auf den Fliesen.

Donata wählte die Nummer des Polizeipräsidiums und ließ sich mit Wibke Terhoff verbinden. »Mir scheint nun doch«, sagte sie, »dass es besser ist, wenn Sie zum Uhlenhof rauskommen. Es ist etwas passiert.«

»Was denn? Was ist passiert?«

»Wenn Sie hier sind, dann sag ich's Ihnen. Finden Sie den Weg zum Uhlenhof raus?«

»Ja, sicher. Ihre Stimme hört sich so zittrig an. Ist es etwas Schlimmes?«

»Geht so. Ich weiß nicht genau. Bis nachher dann.« Donata legte den Hörer auf und gab sich Mühe, nicht zu weinen, aber dann weinte sie doch. Muss ich jetzt Vater Bescheid sagen?, überlegte sie. Nein, nicht jetzt, entschied sie.

Donata kroch in ihr Zelt und fingerte nervös eine Zigarette aus dem Holzkästchen. Wer bedroht mich denn nur?, dachte sie. Habe ich irgendjemandem etwas getan? Ich doch nicht! Der Hexenring. Was ist da in der Mitte? Ich drehe mich nur verwirrt um den Kreis und verstehe nichts.

Laurenz sieht rot

Die sechste Schulstunde war noch nicht zu Ende, trotzdem standen nur noch wenige Fahrräder zwischen den Drahtgestängen des Abstellplatzes. Als Laurenz mit seinem kleinen Radlerrucksack geschlendert kam, erkannte er schon aus einiger Entfernung, dass die Reifen seines Rades zerschnitten worden waren. Es wunderte ihn nicht. Allmählich wunderte ihn gar nichts mehr.

»Feige Scheißer!«, zischte er voll Zorn. Er sah, dass da nichts mehr zu flicken war, die Reifen konnte er wegwerfen. Die Saubermänner hatten ganze Arbeit geleistet. Laurenz schlitzt Donatas Pferd, wir schlitzen seine Fahrradreifen. So hatten die sich das wohl gedacht. Laurenz schloss die Sicherungskette auf. Schieben. Was sonst? Oder die Karre einfach in die Büsche feuern? Das hätte er jetzt am liebsten getan, aber er tat es nicht. Als er den Wendekreis erreichte, klatschten ein paar schadenfrohe Lacher, die auf die Schulbusse warteten, heftig Beifall.

»Und hier, meine Damen und Herren, sehen Sie den Träger des gelben Trikots!«, brüllte ein Witzbold mit Schalke-04-Mütze und knallgrünen Nike-Schuhen. »Die Tour de France hat einen neuen Star!«

Laurenz drehte durch. Er ließ das Rennrad fallen und sprang auf den Schreier zu. Der versuchte zwar die Schultasche hochzureißen, um das Gesicht zu schützen, aber Laurenz war viel schneller. Die linke Faust knallte er dem Jungen in den Magen, mit der rechten traf er ihn hart am Mundwinkel. Der Junge strauchelte und schrie gellend. Da lief auch Blut. Aufgeplatzte Lippen. Die anderen kreischten hysterisch und schrien alle Beleidigungen, die ihnen in der Aufregung einfielen: »Alter Wichser!« – »Drecksau!« – »Motherfucker!« – »Asoziales Arschloch!« – »Bekackter Spasti!« Sie wurden sich auch lautstark einig, dass sie Laurenz sowohl bei der Schulleitung als auch bei der Polizei anzeigen würden. Aber sie verfolgten ihn nicht, zweifellos fürchteten sie sich.

Laurenz ging wortlos weiter.

Wirre Gedanken schwirrten in seinem Kopf. Einfach die Schule schmeißen! Das Abitur sollten sich doch die anderen in die Haare schmieren. Fremdenlegion oder so – das wäre doch eine Lösung. Nur irgendwie weg aus dieser verpissten Stadt, aus dieser widerwärtigen Landschaft, weg von zu Hause, ganz weit weg von Donata und ihrem ekelhaften Künstler Heidenreuther. Was hatte er mit all diesen Leuten noch zu tun? Nichts! Einen feuchten Dreck. Es gab doch genug Geschichten von den tollkühnen Abfahrern, die mit der spießigen Bürgerlichkeit und dem öden Alltag Schluss gemacht hatten und irgendwo in der weiten Welt ihr Glück gefunden hatten. Glück oder Unglück: egal! Jedenfalls ein wildes Leben, prall von Abenteuern und Gefahren. Jack London, Joseph Conrad, Thor Heyerdahl. Laurenz kaute genüsslich und selbstquälerisch zugleich schöne Namen geheimnisvoller Landschaften: Surabaya, Grande Sertao, Wyoming, Samoa, Himalaja, Samos, Kalahari …

Jetzt nach Hause gehen und sich von einer wehleidigen Mutter und albernen Brüdern ausfragen lassen? Das doch nicht! Laurenz wollte allein sein mit seinen Gedanken und mit seiner Wut. Jetzt am Nordpol sitzen oder tief im Dschungel am Kilimandscharo!

Störend war nur, dass sich Donatas Gesicht noch und noch in seine Vorstellungen mogelte.

Donata. Vorbei. Das war doch gestern gewesen. It's all over now, Baby Blue.

Spielothek. Was für eine bescheuerte Bezeichnung! Aber die kaputte Karre abgestellt und rein in die Spielothek. *Betreten für Personen unter 18 J. verboten!* Fein. Er war achtzehn und fühlte sich wie hundertachtzig. Außerdem hatte er in diesem Schuppen schon als Sechzehnjähriger eine Menge Taschengeld verspielt. Die nahmen es hier nicht so genau. Und wie immer saß die fette Ursula mit der Blondhaarperücke hinter dem Schalter, an dem man Scheine wechseln und Bier kaufen konnte. Die üblichen Rentner, Arbeitslosen und Spielsüchtigen fütterten die Apparate. Laurenz fand, dass das Schummerlicht mit den bunt zuckenden Blitzen gut zu seiner Stimmung passte. Er genoss das Desperadogefühl.

Der zweite Flipper war frei. Laurenz fummelte nach Münzen in der Gesäßtasche. Oma Stiene steckte ihm immer wieder etwas Geld zu, wenn er ihren Zwergpudel zum Gassigehen ausführte und wenn er der beinahe blinden Frau aus Romanen vorlas. Thomas Mann und Patricia Highsmith waren ihre Favoriten.

Zumindest einen Teil seiner Wut konnte Laurenz an dem Gerät austoben. Zack-zack-zack-zack. Er ließ die Kugel knallen, auf den Zahlenanzeiger achtete er nicht. Hauptsache, die Lichter zuckten und die Kontakte ließen das Bällchen durch den Kasten schnellen. Das Geld war bald verpulvert. Laurenz fühlte sich nicht mehr wie ein Outlaw, er hatte auf einmal Hunger. Billy the Kid schlürfte immer nur Whisky, aber Laurenz wollte jetzt ein ganz banales Mittagessen haben. Es war ihm peinlich. Für Mathematik musste er auch unbedingt etwas tun. Die Vierminus war jedenfalls eine Vier und die galt es zu retten. An sich mochte er Mathe, doch Trigonometrie war nun mal nicht sein Ding. Also nach Hause.

Laurenz schob das Fahrrad mit den schlaffen Reifen und gab sich Mühe wie John Wayne zu wanken, der sein lahmendes Pferd an den Zügeln hinter sich herzieht. Er dachte: Aber den scheinheiligen Heidenreuther, den mache ich fertig! Laurenz wusste nicht genau, wie er das meinte und was er damit meinte, aber dass Schluss war mit der Rolle des wehleidigen Clowns, das zumindest hatte er für sich entschieden. Nur flüchtig dachte er an die Volleyball AG, zu der er eigentlich am Nachmittag erscheinen musste. Er war zwar wichtig für das Team, denn er war einer der Steller, aber die anderen aus der Mannschaft würden von ihm sowieso keine Vorlagen haben wollen. Verwirrend, das war das Wort, das ihm einfiel zu den Ereignissen und zu seiner Situation: verwirrend.

Die Zwillinge hatten schon gegessen und vollzogen zu betäubend lauter Musik ihre Michael-Jackson-Nummer. Die Mutter stellte das aufgewärmte Essen auf den Küchentisch. Es gab Möhrengemüse und Bratwurst.

Der Name täuschte. Frau Knüppel war gertenschlank und kam auf die Minute pünktlich. Apart, gepflegt, sympathisch: das war Urbans erster Eindruck. Taillierte dunkelblaue Jacke zu sandfarbenen Jeans, diskreter Schmuck, hellgraues Kraushaar, grünliche Augen, strenge Mundpartie. Urban stand vom Tisch auf und winkte der Frau zu.

»Urban. Schön, dass Sie gekommen sind!«

Frau Knüppel gab dem Kommissar die Hand. »Das hat man mir auch nicht an der Wiege gesungen, dass mich ein Kriminalbeamter zum Mittagessen einladen würde.«

»Ist ja auch kein Thema für ein Wiegenlied«, sagte Urban.

»Essen wir auf Staatskosten?« Frau Knüppel nahm Platz an dem Fenstertischchen, das Urban gewählt hatte.

Urban lachte. »Mein Chef würde mir die Ohren abreißen, wenn ich ihm die Rechnung präsentierte. Nein, keine Sorge, Frau Knüppel, dies ist eine ganz und gar private Angelegenheit – was das Essen betrifft.«

»Ich hab's zuerst für einen Schülerwitz gehalten, als Sie mich vorhin anriefen«, sagte die Lehrerin.

»Es ist kein Witz, es ist ernst.«

Frau Knüppel nahm eine *Insalata di mare* und einen weißen Frascati. Urban entschied sich für *Gnocchi alla Romana,* weil er wusste, dass das eine von Brunos Spezialitäten war. Gern hätte er dazu einen Rotwein aus dem Piemont getrunken, aber er war im Dienst und bestellte also Mineralwasser.

Die Lehrerin sagte: »Es geht um diesen schrecklichen Pferdemord, ja? In der Schule wird kaum von was anderem geredet.«

Urban nickte. »Es geht auch um Donata Osthaus und Laurenz Pfeiffer. Die beiden waren verknallt, er ist es immer noch, sie anscheinend nicht mehr. Und jetzt glauben allerlei Leutchen, der Junge habe das Pferd getötet. Aus verschmähter Liebe oder so. Richtig?«

»Richtig. Im Kollegium haben wir selbstverständlich darüber diskutiert, aber ...« Frau Knüppel hob hilflos die Hände.

Urban klopfte mit der Faust auf den Tisch. »Sie müssen diesen Unsinn beenden. Unbedingt. Sie dürfen es nicht dulden, dass Laurenz Pfeiffer fertig gemacht wird. Einer setzt ein Gerücht in die Welt und die Masse betet's dann nach. Der Junge hat nichts mit der Sache zu tun.«

»Aber er soll doch am Uhlenhof gesehen worden sein, als das passiert ist. Bitte, damit will ich gar nichts gesagt haben!«

»Er hat auf das Mädchen gewartet. Das ist alles. Werden Sie sich darum kümmern, dass diese Verdächtigungen aus der Welt geschafft werden?«

»Ich werde mein Bestes tun.«

»Dann lassen Sie uns über das Mädchen reden. Irgendwer oder irgendwas hat Donata Osthaus angeblich ziemlich plötzlich verändert. Das behauptet Laurenz jedenfalls. Und dann dieser Anschlag auf ihr Pferd. Haben Sie irgendwelche Hinweise für mich? Einen Verdacht? Wer könnte ihr schaden wollen?«

Die Lehrerin trank einen Schluck und schaute dabei den Kommissar offen an. »Donata ist in der Schule rundum beliebt. Sie ist sachlich, freundlich, hilfsbereit. Ihre Leistungen sind quer durch die Fächer ziemlich gut und konstant. Ich bin mir ganz sicher, dass kein Mensch etwas gegen sie hat. Da gibt es absolut keinen Zweifel. Dass es gerade ihr Pferd gewesen ist, das muss ein Zufall sein. Ein Geistesgestörter wollte ein Tier töten, irgendeins.«

Urban widersprach nicht, obwohl er an die Theorie von dem Geistesgestörten nicht glaubte. »Kennen Sie Donatas Vater?«

»Kennen?« Frau Knüppel dachte einen Augenblick nach. »Nein, kennen – das wäre zu viel gesagt. Ich habe ihn zweimal, dreimal bei Schulpflegschaftsversammlungen gesehen. Besonders aufgefallen ist er mir nicht. Ich habe gehört, dass er hier in der Gegend eine große Nummer ist. Wirtschaftlich gesehen, meine ich. Aber Donata hat keinerlei Dünkel an sich. Sie gibt sich fast überbetont einfach. Und sie ist sehr selbstständig! Wo sie ohne Mutter aufgewachsen ist ...«

Urban bohrte nach. »Hat sie sich nun in letzter Zeit auffällig verändert? Ich hörte, dass sie sich damit quält, eine Erinnerung oder ein Bild von ihrer Mutter ins Bewusstsein zu bekommen. Aber wohl erst seit kurzer Zeit.«

»Seit ein paar Wochen ist sie vielleicht etwas stiller als früher. Nicht etwa introvertiert. Gesammelter. Ja, das ist wohl das passende Wort: gesammelter.« Frau Knüppels Hände bewegten sich jetzt unruhig. »Sie wollen auf etwas Bestimmtes hinaus. Ich ahne, um was es geht. Reden wir also nicht um den heißen Brei herum!«

Unwillkürlich musste Urban grinsen. Frau Knüppel gefiel ihm wirklich. Es war wohl die Art ihrer Gestik, ihrer ganz besonderen Mimik und der Tonfall ihrer angenehmen Altstimme. »Gut«, sagte Urban, »das Stichwort ist Heidenreuther.«

»Bingo!« Die Lehrerin verzog ein wenig verquält den Mund. »Silvan Heidenreuther ist Kunsterzieher an unserem Gymnasium. Und nun hören Sie genau zu! Er ist ein durch und durch integrer Lehrer. Er kennt das törichte Gerücht, wir alle im Kollegium kennen es. Die Kids schauen sich immer die falschen Filme an. Er soll was haben mit Donata Osthaus. Lachhaft! Für Herrn Heidenreuther lege ich die Hand ins Feuer. Ich bin mir meiner Sache völlig sicher.«

»Ja, die Gerüchte!« Urban nippte lustlos am Mineralwasser. »Das Thema Gerüchte hatten wir ja schon. Mit Gerüchten macht man Menschen kaputt. Können Sie mir etwas mehr erzählen über die Beziehung zwischen Herrn Heidenreuther und Donata?«, fragte er, dann hörte er aufmerksam zu.

Frau Knüppel erzählte. Ein wenig versponnen sei Silvan Heidenreuther, eben ein Künstlertyp, aber als Pädagoge äußerst einfühlsam und fähig. Seine Theorie sei es, dass in jedem Menschen im Grunde ein Künstler stecke, wie es ja auch Joseph Beuys stets behauptet habe. In diesem Sinne fördere Herr Heidenreuther animierend und intensiv die ursprüngliche Lust der Schülerinnen und Schüler am kreativen Gestalten und da seien erstaunliche Arbeiten entstanden. Das gesamte Schulgebäude sei eine einzige große Kunstausstellung. »Und was Donata Osthaus betrifft: Silvan Heidenreuther hält sie für ein unglaublich begabtes Talent im Malen. Er hat ihr geholfen sich selbst zu entdecken, die eigenen Kräfte zu entfalten, ja, unverkrampft und lustvoll Bilder zu machen, und zwar in ihrem ganz und gar persönlichen Stil.«

Urban sagte: »Das Wort *unverkrampft*, wie meinen Sie das? Dass sie spontan drauflosmalt?«

Die Lehrerin überlegte kurz. »Vielleicht auch das. Meditative Übungen spielen da wohl auch eine Rolle. Also, ich verstehe nichts davon. Fernöstliche Spiritualität und so.«

»Ich hab's nicht so mit der Spiritualität, ich bin mehr für die Vernunft.« Urban dachte: Spontan und meditativ – ist das nicht ein Widerspruch? »Haben diese Übungen, die der Kunsterzieher veranstaltet, so etwas wie Bewusstseinserweiterung als Ziel?«

Frau Knüppel guckte dem Kommissar prüfend ins Gesicht. »Meinen Sie das jetzt ironisch? Also, ich weiß genau, dass diese Treffen oder Sitzungen oder wie man das nennen will, also, dass das alles nichts mit Sektentum oder geheimnisvollem Quatsch zu tun hat. Ich schätze, es ist mehr so eine Art Yoga. Aber wie gesagt: Ich bin da nicht genauer informiert.«

Immerhin erfuhr Urban, dass es einen Kreis von Leuten gab, die sich mit esoterischen Theorien befassten, die gemeinsam meditierten und allerlei Rituale abspulten. Und dass diesem Zirkel, der offenbar von Silvan Heidenreuther geleitet wurde, Donata Osthaus angehörte. Dieser Kunsterzieher schien großen Einfluss auf das Mädchen auszuüben. Urban wurde allmählich neugierig auf diesen Mann.

Das Essen wurde gebracht. Urban und die Lehrerin unterbrachen ihr Gespräch. Urban fand, dass Bruno sich mit den Grießklößchen wieder einmal selbst übertroffen hatte. Frau Knüppel schnalzte anerkennend, als sie die ersten Muscheln aus ihrem Salat gepickt hatte.

Dann dudelte das Mobiltelefon in Urbans Jackentasche. »Wie ich dieses Mistding hasse!«, knurrte Urban.

Es war Wibke Terhoffs Anruf. »Auf Donata Osthaus ist geschossen worden. Das heißt: auf ihr Auto. Aber sie saß drin.«

»Scheiße!«, zischte Urban. Hätte er das voraussehen müssen? Hätte er einen von seinen Leuten beim Uhlenhof lassen sollen? »Ist ihr was passiert?«

»Körperlich ist sie okay. Ich bin jetzt bei ihr. Zuerst war sie auch ziemlich gefasst, aber nun hat sie einen Durchhänger. Ist ja auch kein Wunder.«

»Ich komme«, sagte Urban.

»Aber bitte nicht ins Haus! Sie muss erst ruhig werden. Auf jeden Fall bleibe ich vorläufig bei ihr.« Die Polizeipsychologin erklärte, dass ein Streifenwagen bereits an Ort und Stelle sei. Nahe bei der Ausfahrt vom Hof sei das geschehen, Donata habe niemanden gesehen, die Abteilung für Spurensicherung habe zwei Spezialisten losgeschickt. »Ich werde Sie informieren, wenn Sie mit Donata sprechen können. Da werden Sie sich übrigens wundern. Sie wohnt in einem Zelt.« Wibke Terhoff beendete das Gespräch.

In einem Zelt? Das konnte Urban natürlich nicht verstehen. Er aß hastig den Rest seiner Mahlzeit und winkte Bruno zu. »Schreib's für mich an!«

»Donata? Geht's um sie? Ist ihr etwas geschehen?«

Urban wich aus. »Da ist was nicht in Ordnung. Ich muss hin. Aber machen Sie sich keine Sorgen, Donata hat nur einen heftigen Schreck abbekommen.«

»Unser Gespräch hat ja nun leider ein plötzliches Ende.« Die Lehrerin lächelte dünn. »Ich danke Ihnen für die Einladung.«

Zwischen zwei Alleebäumen stand der Streifenwagen. Ein Polizist in Uniform lehnte an der Kühlerhaube des grünweißen Passat und aß ein Butterbrot. Sein Kollege stand am Brückengeländer vor dem Tor des Uhlenhofs, gerade noch in Rufweite, und spielte offenbar Wachtposten. Urban parkte sein Wohnmobil hinter dem Passat. Der Polizist schluckte rasch die letzten Bissen und meldete dem Kommissar, dass man genau an dieser Stelle zahlreiche Schrotkügelchen auf dem Straßenbelag gefunden habe. Schräg von oben – er zeigte ins fast entlaubte Buschgewirr hinein – sei geschossen worden. Urban bedankte sich und kletterte den Hang hinauf. Mehrmals kam er auf dem durchnässten Waldboden ins Rutschen. Die beiden Männer von der Abteilung für Spurensicherung hatte er von der Allee aus schon gesehen. Anscheinend hatten sie am Hügelkamm die Stelle gefunden, an der der Schütze oder die Schützin gestanden hatte. Obwohl er außer Atem war, zündete Urban sich ein Zigarillo an.

»Tag zusammen!«, sagte Urban. »Seid ihr irgendwie fündig geworden?« Er erkannte die Spuren und Verwerfungen zwischen den braunen Lärchennadeln am elastischen Hochmoorboden, um die die Spurenleute ein Plastikband ausgelegt hatten. »Von hier ist also geschossen worden?«

Egeri tippte sich an den Hutrand. »Tag, großer Meister! Ja, hier hat der Kerl gestanden oder gekniet. Rund hundertzwanzig Meter sind's bis zur Straße runter. Ziemlich freies Schussfeld, wo das Laub runter ist. Zufallstreffer wird's wohl nicht gewesen sein. Aber fündig geworden, nee, das wär zu viel gesagt. Mit den Abdrücken auf diesem Polster hier können wir nix anfangen. Nichts Deutliches. Und die Patronenhülse hat der Kerl natürlich mitgenommen.«

»Natürlich.« Urban spuckte Tabakkrümel aus. »In den Kriminalromanen verliert der Täter meistens einen Jackenknopf am Tatort, aber heutzutage gibt es ja nur noch Reißverschlüsse. Schlechte Zeiten für uns. Kann ja auch sein, dass die früher gar keine Knöpfe verloren haben – mal abgesehen von denen in den Büchern.«

Jetzt hatte Kohlhammer, der andere Spurenmann, seinen Auftritt. Er hielt einen Plastikbeutel hoch, in dem befand sich ein kleiner Zweig von einem Schlehdornbusch mit etwas Schwarzem an der Spitze. »Vielleicht hat hier doch jemand einen Knopf verloren«, meinte er und verzog den Mund zu einem zufriedenen Grinsen. »Er ist in östlicher Richtung weggelaufen. Durch das verwelkte Farnkraut. Auf den Wiesen hinter dem Eschengehölz verliert sich dann die Fährte. Aber wir haben einen geknickten Schlehenzweig gefunden, und da hing diese Wollfluse dran. Von 'ner Strickmütze oder so, würd ich mal sagen. Jedenfalls in Kopfhöhe. Da muss er hängen geblieben sein. Kann gut sein, dass diese Faser uns was erzählt, wenn sie unter dem Mikroskop liegt.«

Urban nickte anerkennend. »Wenn die Kripo euch nicht hätte, könnte sie den Laden zumachen.« Er dachte: Man lauert doch nicht einfach hier oben und wartet auf den Zufall, dass Donata Osthaus irgendwann einmal mit ihrem Auto unten auf der Straße vorbeifährt. Wer hier in den Büschen saß, der musste wissen, dass sie am frühen Nachmittag den Uhlenhof verlassen würde. Also jemand, der über ihren Terminplan informiert war. »Ein Schuss nur, ja? War der gefährlich, ich meine, aus dieser Entfernung?«

Egeri sagte: »Ja und nein. Ganz normaler Hasenschrot, wie ihn die Jäger verwenden. Der Schuss erwischte ihr Auto von rechts. Wenn sie das rechte Seitenfenster offen gehabt hätte, dann hätte es übel für sie werden können.« Ihr sei zum Glück nichts passiert, erklärte Egeri, die Einschlagstellen im Karosserieblech würden sie aber noch genauer untersuchen und fotografieren. Der Mini stehe innerhalb des Anwesens und dort sei auch der Kombi der Abteilung für Spurensicherung schon abgestellt. Nein, mit der jungen Frau selber habe er nicht gesprochen, weil das ja auch nicht sein Job sei.

»Ist Wibke Terhoff noch bei ihr?«, fragte Urban.

»Sieht so aus«, sagte Kohlhammer, »jedenfalls steht ihr Dienstwagen auch in der Einfahrt.«

»Und den Frontera vom alten Osthaus, habt ihr den gesehen?«, wollte Urban wissen.

Die Spurenmänner hatten den Geländewagen nicht gesehen.

»Ich fahre dann erst mal wieder in die Stadt«, sagte Urban.

Gabriel und Michael hingen eigentlich sehr an ihrem großen Bruder, obwohl es reichlich oft Zoff mit Laurenz gab, doch das beruhte auf Gegenseitigkeit. Mal nervte er die Zwillinge, mal nervten die Zwillinge ihn.

An ihre Spitznamen hatten sie sich gewöhnen müssen. Michael wurde in der Klasse von allen Michi genannt, das fand er zwar nicht lustig, aber damit konnte er leben. Für Gabriel war es eindeutig schwerer gewesen. Gabi! Ausgerechnet diesen albernsten aller Mädchennamen hatten sie ihm verpasst. Doch selbst Boxkämpfe hatten das Unglück nicht verhindern können. Inzwischen hatte Gabriel sich mit seinem Schicksal abgefunden in der Schule Gabi genannt zu werden.

Dass die gesamte Schülerschaft schlimme Sachen über Laurenz quatschte, war beleidigend und hundsgemein. Nicht nur für ihren Bruder, auch für sie. Erst das Gelächter über die kaputte Freundschaft mit Donata. Dass Laurenz sich auch wie eine beleidigte Leberwurst benehmen musste und sich selber zum Gespött machte! Aber dass plötzlich auch gemunkelt wurde, er habe wahrscheinlich das weiße Pferd getötet: Das war schrecklich. Klar, Laurenz redete darüber zu Hause nicht. Er hatte das Mittagessen wortlos verschlungen und sich dann in sein Zimmer verzogen. Laurenz im Schneckenhaus.

»Ich wette, er hat was vor!«, flüsterte Michael und presste das Ohr an die Zimmertür. Er vernahm leises Gitarrengeklimper. »Sein Gesicht, das war vorhin so komisch.«

»Kann gut sein«, bestätigte Gabriel. »Kann gut sein, dass er sich gegen die beschissenen Stussredereien wehren will. Ob er vielleicht rauskriegen will, wer das mit dem Pferd gemacht hat?« Gabriel bekam leuchtende Augen. »Dann würde die Donata ihn bestimmt wieder lieben.«

»Hör schon auf! Lieben!« Michael fasste sich mit beiden Händen an den Kopf. »Ich werde mich jedenfalls nie im Leben verlieben. Doofe Weiber!« Im Grunde bedauerte er es, dass Donata nicht mehr zu Besuch kam, denn sie gefiel ihm. Das verriet er selbstverständlich nicht.

»Wenn Laurenz den Detektiv spielen will, dann ist das bestimmt gefährlich«, sagte Gabriel leise.

»Dann müssen wir ihm helfen!«

»Genau! Wir müssen ihn beobachten. Hoffentlich machst du dir dabei nicht in die Hose.«

Michael streckte die Zunge raus. »Du Hirni! Du stinkst ja jetzt schon!«

Laurenz näherte sich der Tür. Die Zwillinge huschten davon.

Der Name des Löwen

Als Urban ins Präsidium kam, stieß er in der Eingangshalle fast mit Dietmar Lochthowe zusammen, der zwei frisch entwickelte Großfotos mit spitzen Fingern vor sich hertrug, die zeigten Teile eines verwesten menschlichen Schädels.

»Und?«, fragte Lochthowe. »Was gefunden?«

»Schrotkugeln auf der Allee und die Einschlaglöcher im Autoblech«, sagte Urban. »Die Stelle, an der der Schütze gestanden hat, war wohl leicht zu finden. Auf dem federnden Untergrund hat er aber keine verwertbaren Fußspuren hinterlassen. Die Patronenhülse war weg. Aber an einem Schlehenzweig hing ein Wollpartikel. Kopfhöhe. Stammt vielleicht von einer Mütze. Die Spurenmänner sind noch draußen.«

Lochthowe knurrte irgendetwas, das Urban nicht verstand. Dann wies er mit dem Kinn auf einen jungen Mann von geradezu krankhafter Schlankheit, der bei der Pförtnerloge mit ausgestreckten Beinen auf einem Plastikstuhl saß. »Pressefritze«, sagte Lochthowe. »Wartet schon 'ne Weile hier.«

Urban stöhnte entsagungsvoll. Lochthowe eilte weiter. Der dünne Mann, ganz in Leder gekleidet, sprang auf und stakste auf Urban zu. Den Kugelschreiber trug er wie eine Olympiafackel.

»Hauptkommissar Urban?«

»Ebenjener.« Urban stopfte die Zigarillokippe in die sandgefüllte Schale zu den Zigarettenresten, denn im Treppenhaus und auf den Fluren herrschte Rauchverbot.

»Toll! Dann lern ich ja endlich den Joker kennen. Ich hab schon allerlei von Ihnen gehört. Max Böhmling von der *Allgemeinen.*«

»Aha. Und Sie wollen von mir wissen, ob wir den Pferdeschlitzer schon gefasst haben. Und ich antworte Ihnen: Nein, wir haben ihn noch nicht gefasst, wir haben noch nicht die geringste heiße Spur. Sorry.«

Der Zeitungsmann lächelte traurig. »Dann kann ich also bloß schreiben, dass die Kriminalpolizei bis jetzt vollkommen im Dunkeln tappt? Gibt's gar nichts Neues? Verstehen Sie mich! Irgendwas muss ich doch berichten, die Leser sind heiß drauf. Pferdeschlitzer, das soll für morgen unser Aufmacher im Lokalteil sein. Und wo wir weder an Osthaus noch an seine Tochter rankommen ... Die schotten sich ab. Tat eines Irren. Mehr könnten sie dazu nicht sagen. Mein Chefredakteur macht mich mindestens einen Kopf kürzer, wenn ich nichts bringe.«

Urban empfand eine Spur Mitleid mit dem spirredünnen Jüngling. Er überlegte, ob er ihm etwas von dem Schuss auf Donatas Auto erzählen sollte. Erfahren würde die Presse davon sowieso, wahrscheinlich von einem der Streifenbeamten. Die meisten Polizisten verdienten sich ein kleines Honorar damit, dass sie Meldungen von Einbrüchen, Verkehrsunfällen, Schlägereien und Ladendiebstählen an die Zeitungsredaktionen weitergaben. »Ich hab was für Sie. Kurz nach Mittag wurde in der Nähe des Uhlenhofs von einem Unbekannten eine Schrotladung auf ein vorbeifahrendes Auto abgefeuert. Die Ermittlungen dauern noch an. Ob ein Zusammenhang zwischen der Tötung des Pferdes und diesem Schuss besteht, also, das ist völlig offen. Und Spekulationen werden Sie von mir nicht erwarten, die müssen Sie selber anstellen.«

Der Zeitungsmann schrieb eifrig mit. »Wurde jemand verletzt oder so? Auto im Eimer? Kann man da Fotos machen?«

Urban winkte ab. »Niemand wurde verletzt. Die Entfernung war zu groß. Kleine Macken im Autoblech. Das Auto ist auch längst nicht mehr an Ort und Stelle. Da können Sie also höchstens ein paar kahle Bäume knipsen. Bringt nichts.« Er fragt mich nicht nach dem Namen des Autofahrers, dachte Urban, er scheint noch ein Anfänger zu sein. »Sie könnten mir allerdings einen Gefallen tun.«

»Und was für einen?«, fragte der Reporter argwöhnisch.

»Es wäre für die Ermittlungen nicht unwichtig, wenn Sie ungefähr schrieben: Nach Auskunft der Polizei sind alle Gerüchte und Verdächtigungen, die zurzeit in der Stadt im Umlauf sind, absolut unhaltbar und durch nichts zu begründen. – Ich spreche von dem Anschlag auf das weiße Pferd, Sie verstehen?« Urban wollte, dass Laurenz Pfeiffer in der Schule nicht weiter belästigt wurde, und da zählte er auch auf die Hilfe der Vertrauenslehrerin. Er blinzelte dem dünnen Jungmann zu. »Ein gutes Zusammenspiel von Presse und Polizei ist immer nützlich.«

Der Mann von der *Allgemeinen* errötete. Das schien ihm zu gefallen, dass der Kommissar ihn wie einen Vertrauten behandelte. Gutes Zusammenspiel von Presse und Polizei, hah!

»Jetzt hab ich's aber eilig«, sagte Urban, hob die Hand kurz zum Abschiedsgruß und war schon im Aufzug verschwunden.

Sarah Kosidowski sah ihn durch die Glastür und folgte dem Kommissar in sein Büro. Die Kollegen, die in den Bauernschaften rund um den Uhlenhof die Leute befragt hatten, seien ohne brauchbare Ergebnisse zurückgekehrt, allerdings habe eine Frau die Aussage von Laurenz Pfeiffer bestätigt, denn auch sie gab an, dass sie das Geräusch eines starken Motors gehört habe. Wegen des Nebels und der anbrechenden Dunkelheit habe sie jedoch nichts sehen können, meinte aber, der Wagen habe sich in sehr schneller Fahrt in südöstlicher Richtung zur Bundesstraße hin entfernt, also weg vom Uhlenhof.

»Was haben Sie über Osthaus ermittelt?«, fragte Urban.

Die Fahnderin berichtete. Hafenbehörden und Zoll in Münster hatten bestätigt, dass die Firma von Hartwig Osthaus vor allem holländisches Viehfutter von Emden aus nach Münster transportiere und auf der Rückfahrt halb fertige Holzteile für die niederländische Möbelindustrie geladen habe. »Die Binnenschifffahrt ist ja ein überschaubarer Verein«, sagte sie. »Alles säuberlich registriert. Bei Osthaus hat's niemals eine Beanstandung gegeben. Lupenrein. Aber raten Sie mal, wie sein Schiff heißt!«

»Donata«, sagte Urban, »ich wette, es heißt Donata.«

Sarah Kosidowski klatschte in die Hände. »Erstaunlich! Ich hab manchmal den Verdacht, dass Sie Hellseher sind.«

Urban brummte: »Nun machen Sie mal halblang! Wir wollen es nicht übertreiben. Was haben Ihre Recherchen bei den Banken ergeben?«

»Die mauern. Bankgeheimnis und dieser Käse. Seine Hausbank ist die private Norda-Hypo. Ohne richterliche Anordnung keinerlei Auskunft.« Sarah Kosidowski spreizte die Finger. »Aber das hab ich doch rausgekitzelt: Hartwig Osthaus hat enorme Kredite erhalten, weil er ebenso enorme Sachwerte als Sicherheit hinterlegt hat. Was für Sachwerte mögen das wohl sein?«

Urban trommelte mit den Fäusten auf die Schreibtischplatte. Er ist aus Afrika gekommen, überlegte er, zusammen mit seiner Tochter. Die war noch ein Winzling. Seine Frau war gestorben. Welche Sachwerte bringt man wohl aus Afrika mit? Gold, Weihrauch und Myrrhe? Geheimpapiere, Aktien, Beteiligungspolicen? Irgendwelche Anrechte? Das Wort *Sachwerte* irritierte ihn. Gold ja, das war ein Sachwert. Und was kam da sonst noch in Frage? Ntambu. Es wurde höchste Zeit, dieses Buchstabengefüge zu entschlüsseln.

»Wollen Sie nicht mal mit dem Staatsanwalt sprechen?«, schlug die Fahnderin vor. »Das mit den Sachwerten, das müsste doch schnell zu klären sein.«

Urban schüttelte den Kopf. »Noch nicht. Wir hätten selber darauf kommen müssen, dass *Ntambu* irgendeinen afrikanischen Sprachklang hat. Pitsch Kopke versucht doch immer mich mit seiner albernen Anrede *Bwana* zu nerven. Da stehen auch zwei so ungewöhnliche Konsonanten am Anfang des Wortes. Wo bleibt der Knabe bloß?«

Sarah Kosidowski sagte: »Der Knabe hat sich vor 'ner Viertelstunde gemeldet. Dass er gleich aus Wesel abfahren werde und dass er heiße Neuigkeiten mitbringen wird. Aber so 'n knappes Stündchen wird es bestimmt noch dauern, bis er hier ist.«

Urban fragte: »Wer kann denn außer Kopke mit diesem Gefummel im Internet und diesem Homepage-Kram umgehen?«

»Jeder in dieser Abteilung«, antwortete die Fahnderin spitz. »Jeder – außer Ihnen.«

Urban fasste sich theatralisch ins Haar. »Okay, ich bin ein Dinosaurier. Trotzdem brauche ich jetzt die Adresse einer kompetenten Organisation, in der es einen Spezialisten für afrikanische Sprachen gibt. Würden Sie darum bitte mal ein bisschen für mich herumsurfen, Frau Kollegin?«

»Ich surfe, Bwana.« Sarah Kosidowski verabschiedete sich mit einer demütigen Verbeugung und grinste abscheulich.

Jetzt fängt die auch an mit dem Scheiß!, dachte Urban.

Dann meldete sich die Polizeipsychologin über ihr Handy. Sie habe ein interessantes Gespräch mit Donata Osthaus geführt, teilte sie mit, und sie habe Urban für ungefähr 18 Uhr bei ihr avisiert. Ob das in Ordnung sei.

»Das ist in Ordnung«, antwortete Urban. »Wo sind Sie jetzt?«

»Unterwegs. Ich bin grad durch das Tor vom Uhlenhof gerollt. Herr Matzek hält jetzt übrigens Wache. Mit 'ner Knarre. Sein Gesicht müssten Sie sehen! Der fletscht geradezu die Zähne.« Für einen Augenblick piepste Wibke Terhoffs Gekicher in der Leitung. »Die beiden Matzeks, die scheinen Donata sehr gern zu haben. Und, übrigens, Donatas Vater weiß inzwischen von dem Schuss auf das Auto. Zu Hause ist er aber noch nicht.«

»Hoffentlich schießt der alte Matzek nachher nicht auf mich«, sagte Urban. »In welcher Verfassung ist das Mädchen?«

»Schwer zu sagen. Sie sucht ununterbrochen nach der Erinnerung an ihre Mutter. Aber das erzähle ich Ihnen später alles genauer. Ansonsten hat Donata sich erstaunlich gut im Griff.« Ein zögerndes Atmen in der Leitung. »Noch etwas. Sie ist achtzehn. Offiziell jedenfalls. Aber ich habe ganz stark den Eindruck, dass sie älter ist. Vielleicht irre ich mich ja, aber ...« Wibke Terhoff hatte das Gespräch beendet.

Dann kam die Fahnderin zurück. Sie nagte an einem Apfel und knallte Urban einen Zettel mit einer Telefonnummer auf den Schreibtisch. »Auftrag erfüllt, Bwana. Anthropos-Institut in Posieux. Das ist in der Schweiz. Können Sie französisch parlieren?«

»Es wird schon gehen«, brummte Urban. »Und danke!«

Donata kroch in ihr Zelt und legte sich auf das braune Wildschaffell. Dann öffnete sie das Holzkästchen und nahm eine Zigarette heraus. Während sie tief den Rauch einsaugte, dachte sie an Wibke Terhoff. Eigentlich schade, dass die Frau mit dem karottenroten Pagenschnitt schon wieder gegangen war! Mit der konnte man wirklich reden. Keine Ausfragerei, nein, wirklich ein Gespräch. Und was habe ich ihr über mich gesagt?, überlegte Donata. Alles, was ich weiß? Also nicht viel. Das Wichtigste weiß ich ja nicht, obwohl ich es wissen möchte. Sie dachte auch an Laurenz und er tat ihr Leid. Sie überforderte ihn, das war ihr klar. Dass sie erwachsen geworden war, dass sie nicht mehr Liebespaar spielen wollte! Sie wusste, dass Laurenz das anders sah, aber sie hatte begriffen: Wir haben Liebespaar gespielt, so wie Kinder es tun, vielleicht weil die anderen es auch taten, weil es Mode war. Aber sie hatte sich verändert, sie war nicht mehr das unbefangene Mädchen. Aus der alten Freundschaft war unversehens eine Liebesgeschichte geworden, das hatte sich so ergeben. Konnte es denn nicht einfach wieder eine Freundschaftsgeschichte werden? Donata mochte Laurenz doch!

Sie nahm eine der Kassetten aus dem Korb. Bei Laurenz hatte sie sich Jazz-Platten überspielt. Sie schob die Kassette in den Rekorder und wusste schon, als das erste Knistern und Rauschen zu hören war, dass jetzt Ella Fitzgerald singen würde. *Ella and Chick Webb*: eine alte Aufnahme von 1937. Die junge Ella mit der klaren starken Stimme und der kleine Krüppel Chick hinter dem großen Schlagzeug, der beste von allen Drummern. Die schöne Melodie, die schönen Wörter! *Just a simple melody ...* Donata schloss die Augen. Sie war jetzt ganz weit fort.

Eine tiefe Männerstimme. »Anthropos ici! Yves Gauthier.«

Urban sagte seinen Namen. »Pardon, mais je ne parle pas bien français ...«

Der Mann vom Anthropos-Institut unterbrach ihn. »Sie können mit mir Deutsch sprechen, Monsieur Urban. Wir Schweizer sind vielsprachig. Was kann ich für Sie tun?«

»Ich bin ein Kriminalbeamter. Und da habe ich ein Problem.«

»Aber das ist doch Ihr Beruf, Probleme zu haben!« Der Mann lachte laut.

»Es ist ein Sprachproblem.« Urban musste ebenfalls lachen. »Es geht um ein Wort aus irgendeiner afrikanischen Sprache und nun brauche ich jemanden, der mir sagen kann, was dieses Wort bedeutet. Ich hoffe, solch einen Jemand gibt es in Ihrem Institut.«

»Und ob es den gibt! Abbé Gérard. Hat viele Jahre in verschiedenen Ländern Afrikas gelebt. Moment, ich hole ihn mal ans Telefon. Er steckt wie üblich im Archiv.«

Es dauerte höchstens zwanzig Sekunden, dann meldete sich jemand mit dem Namen Gérard. Urban war zuerst irritiert, weil die Stimme so hell wie die eines Kindes klang.

»Ich höre, Sie haben eine Frage?«

»Ja, Monsieur l'Abbé. Es geht um das Wort Ntambu. Können Sie mir vielleicht sagen, was es bedeutet?«

»Aber sicherlich!« Die Kicherstimme des Paters hatte einen geradezu heiteren französischen Akzent. »Doch Sie sprechen es nicht korrekt aus. Das N ist nur ein leichter Nasallaut. Wie bei Mboma. Das heißt Schlange. Oder wie bei Ngo. Das ist der Leopard. Oder wie bei Ngandu. Krokodil heißt das übrigens. Aus der Sprache Kikongo sind diese Wörter. Und wie Sie sich vermutlich denken können, wird diese Sprache im Kongo gesprochen. In der so genannten Demokratischen Republik Kongo, nicht in dem anderen Land Kongo, dem Kongo Brazzaville. Ich meine also das Riesenland, das die Belgier sich unter den Nagel gerissen hatten, als die Europäer Afrika unter sich aufteilten und sich willkürlich ihre Kolonien zurechtschneiderten. Aber Anfang der Sechzigerjahre flogen die Belgier ja raus aus ihrem Belgisch-Kongo, da hieß das Land dann République du Congo, dann hieß es Zaire, was übrigens das kikongische Wort für den großen Strom Kongo ist, und nach Mobutus Sturz wurde es dann wieder Kongo genannt und so wird das weitergehen mit den Namen.«

»Bitte!« Urban versuchte den Redeschwall zu stoppen.

Abbé Gérard ließ sich aber nicht stoppen. Er erklärte, dass es in diesem Land, in das Deutschland mehr als sechs Mal hineinpasse, verschiedene Bantusprachen gebe, dass man sich aber, als das Französisch der Exkolonialherren als Amtssprache abgeschafft worden war, auf die Sprache Kikongo geeinigt habe.

Urban versuchte es noch einmal. »Bitte! Sie wollten mir sagen, was das Wort Ntambu bedeutet.«

»Habe ich Ihnen das noch nicht übersetzt?«

»Nein, Monsieur l'Abbé, das haben Sie noch nicht.«

»Verzeihen Sie einem alten Mann! Ich bin wohl schon ein bisschen gaga. Also, Ntambu, das heißt auf Deutsch: der Löwe. Ist doch ganz einfach.«

»Ja«, sagte Urban, »das ist ganz einfach.« Plötzlich fiel ihm noch eine Frage ein. »Wenn jemand etwas sehr Wertvolles aus dem Kongo mitbrächte nach Europa, was könnte das wohl sein? Elfenbein? Gold?«

»Elfenbein? Aber nein! Im Kongo gibt es nicht viele Elefanten. Gold! Ja, Goldminen gibt es reichlich. Aber womit, glauben Sie, hat der korrupte Expräsident Mobutu vor allem seine privaten Schatztruhen gefüllt?«

»Sie werden es mir bestimmt verraten.«

Entrüstet von so viel Unkenntnis kreischte Abbé Gérard durchs Telefon: »Mit Diamanten natürlich! Haben Sie etwa noch nie etwas von den berühmten Katanga-Diamantenbergwerken gehört? Ich sage Ihnen, in der Provinz Shaba werden Unmassen Diamanten für den Weltmarkt gefördert! Außerdem …«

Urban hatte genug gehört. Da waren plötzlich Gedanken in seinem Kopf, die vielleicht Ordnung in einige Bereiche dieses Puzzlespiels bringen konnten. »Danke!«, sagte er schnell. »Sie haben mir sehr geholfen, Monsieur l'Abbé. Ein ganz dickes Merci nach Posieux!«

»Aber ich würde Ihnen gern noch mehr über das geschundene und gleichzeitig so wunderbare Land Kongo erzählen«, protestierte der mitteilungsfreudige Pater.

»Ich würde Ihnen auch gern zuhören«, sagte Urban, »doch ich habe einen Fall zu lösen, ich muss mich wieder an die Arbeit machen.«

»Einen Fall lösen? Mon dieu! Sind Sie etwa – wie nennt man das in Deutsch? Sind Sie etwa ein Bulle?«

»Genau. Ich bin ein Bulle.«

»Das ist aber sehr interessant!«

»Es hält sich in Grenzen. Merci, merci!« Urban legte den Hörer auf. Er nahm die Brille ab und begann die Gläser zu wienern. Ordnung in die Gedanken bringen: Das war jetzt wichtig. Der Pater hatte ihm wichtige Fakten geliefert.

Urban überlegte: Ntambu heißt Löwe. Ein geheimer Code? Eine Parole für Insider? Stichwort für eine Aktion oder Erinnerung an eine Tat? Oder hatte das mit dem Namen eines Ortes oder einer Person zu tun? Löwe. Das Haumesser mit den eingeritzten Buchstaben stellte auf jeden Fall eine Warnung oder eine Drohung oder beides dar. Osthaus wusste nichts davon. Noch nichts. Galt ihm die makabre Nachricht? Oder vielleicht doch seiner Tochter? Und was hatte der Schuss auf Donatas Auto zu bedeuten? Sollte dieser Schuss der Drohung Nachdruck verleihen? Auf jeden Fall sollte das Wort *Löwe* bei dem, für den die Botschaft gedacht war, Angst erzeugen. Der Tod des Pferdes bewies: Das ist ernst gemeint!

Und wenn Rache das Motiv war? Hatte Donata jemanden so schwer beleidigt, dass der auf so brutale Weise Vergeltung suchte? Oder sollte Hartwig Osthaus, der doch so sehr an seiner Tochter hing, auf diese Weise bestraft werden? Hatte er vielleicht einen Geschäftspartner hintergangen oder betrogen oder ausgetrickst?

Urban dachte: War es Zufall oder Absicht, dass Osthaus mir nichts von seinem Schiff gesagt hat? Er spürte – zwar noch undeutlich –, dass dieses Frachtschiff eine Rolle spielte. Wollte eine Person oder eine Organisation Osthaus unter Druck setzen, weil man von ihm etwas erwartete? Eine Erpressung also? Urban setzte die Brille wieder auf.

Pitsch Kopke kam zurück. Urban hörte das Quietschen seiner Sportschuhe auf den Fliesen des Flures. Vielleicht brachte er wichtige Steinchen mit für das Mosaik, das nur allmählich zu einem Bild wurde.

Ein Verdacht

Es hatte keinen Sinn. Laurenz konnte sich nicht auf den Text konzentrieren. Vokabeln, die er eigentlich kannte, waren ihm auf einmal fremd. Dauernd musste er im Wörterbuch nachschlagen. *Tenacity*. Was, zum Teufel, heißt das? In seinem Kopf schwirrten andere Gedanken wie verrückt gewordene Hornissen. Wie sollte er da diese bescheuerte Geschichte übersetzen! Englisch-Leistungskurs. Schöne Scheiße!

Laurenz überlegte, ob Donata an diesem Nachmittag zu Heidenreuthers Komikertreffen gehen würde. Vielleicht erwartete sie sich ja Trost bei ihrem Seelenhirten und den anderen erleuchteten Typen. Dass sie nicht merken wollte, wie der Herr Künstler sie mehr und mehr einwickelte und an sich band! Aber diesem Schaumschläger und Scharlatan würde er gewaltig einheizen, das hatte Laurenz sich geschworen. Cool bleiben. Schluss mit Weichei. Widerstand war angesagt. Laurenz klappte das Buch zu, zog den Anorak an und langte sich die Ledermütze vom Haken an der Tür. Er hatte keinen genauen Plan, er wollte Donata sehen. Und Heidenreuther! Was spielte sich da überhaupt ab bei diesem blöden Meditationszirkel? Vielleicht bekam er das ja endlich heraus.

In einem der Clubräume des Tennisvereins rotteten die sich zusammen. Klar, abgehobene Feingeister brauchten auch eine feine Adresse. Das war ein ziemlich weiter Weg zu der großen Anlage am Westende der Stadt. Das Fahrrad konnte Laurenz vorerst vergessen, für neue Bereifung hatte er kein Geld. Doch vielleicht war es für seinen Gemütszustand ganz gut, wenn er sich auf dem langen Weg ein bisschen das Hirn durchpusten ließ. Windig genug war es ja.

Laurenz war mit seinen verbitterten und zornigen Gedanken beschäftigt und so merkte er es nicht, dass ihm die Zwillinge heimlich folgten. Er ging mit ausgreifenden Schritten, dann und wann trabte er ein Stück. Quer durch die öde Fußgängerzone mit den öden Geschäften und den Einkaufenden mit den öden Gesichtern. Widerlich das Kriegerehrenmal, das Löwen aus Zementguss und nackte Männer mit blöde starrenden Heldenmienen zeigte, Fäuste um Schwertgriffe geballt. Auf der Spitze des Tempelchens eine vollbusige geflügelte Dame. Engel? Siegesgöttin? Jedenfalls zum Speien, so empfand es Laurenz an diesem hässlichen Tag.

Hässlich auch die Häuserzeile, durch die er lief. Doppelhäuser aus Klinkerstein, alle nach dem gleichen Schema gebaut und mit den gleichen Vorgärtchen versehen: Pampasgras, Krüppelbirke, Ligusterhecke. Raus aus dieser Stadt, weg von hier! Das hatten Donata und er sich ja schon vor Jahr und Tag vorgenommen, da hatten sie zum ersten Mal gemeinsam Zukunftspläne gesponnen. Selbstverständlich würden sie in einer Großstadt eine gemeinsame Wohnung haben, gleich nach dem Abitur würden sie verschwinden. Selbstverständlich würden sie von Donatas Vater keinen Pfennig annehmen, sondern unabhängig sein und auf eigenen Füßen stehen, Donata als Malerin, er als Student. Eine Art Boheme-Leben hatten sie sich ausgemalt. Und falls das Kreiswehrersatzamt nach ihm greifen würde, wollte er in einem Heim für behinderte Jugendliche als Zivildienstler tätig sein. Selbstverständlich hatten sie keinen Gedanken daran verschwendet, wovon sie die Miete bezahlen, den Lebensunterhalt bestreiten und Donatas Malmaterial kaufen könnten. Laurenz wusste es inzwischen: Das war die Illusion von zwei spinnenden Verliebten gewesen. Aus, aus! Alles hatte sich verändert. Jetzt wehte ein rauerer Wind.

»Aber Heidenreuther wird büßen!«, flüsterte Laurenz vor sich hin. Bü–ßen ... Das passte prima in den Laufrhythmus.

Laurenz erreichte das westliche Industriegebiet. Übergroße Reklametafeln, Leuchtschriften, knallige Farben an den Fassaden. Hier herrschte überall hektische Betriebsamkeit, erst in dem winzigen Stadtpark, der eigentlich diesen Namen nicht verdiente, wurde es ruhiger. Ein kleiner Teich mit dösenden Enten, ein paar Trauerweiden, Bänke, gestiftet von den Banken – und dann standen noch einige verrostende Plastiken von einheimischen Bildhauern auf den Wiesen herum, von geradezu erlesener Belanglosigkeit. So sah Laurenz das jedenfalls.

Laurenz fühlte, dass er dieses Outlaw-Empfinden mehr und mehr genoss. Hallo, ihr kotzt mich alle an! Mir ist alles scheißegal. Ja, ja, wie das Leben so spielt.

Dann erreichte er das Sportgelände. Ein gepflasterter Weg trennte die beiden Fußballfelder von DJK 09 und die private Anlage vom Tenniscenter. Es gab sechs Aschеplätze und einen Centercourt mit Rasenbelag, aber nun waren alle Plätze mit Plastikplanen abgedeckt. Laurenz hatte keine Ahnung, wie viel Spielflächen es in den beiden großen Hallen gab, es interessierte ihn auch nicht besonders. Das Clubhaus mit seinen Gymnastik- und Gesellschaftsräumen und der Kneipe für die Upperclass war sein Ziel.

Etwa zwei Dutzend Autos waren auf dem Parkplatz abgestellt. Laurenz erkannte auf den ersten Blick, dass Donatas Mini nicht dabei war. Sie war also nicht gekommen! Aber Heidenreuthers Cabrio stand gleich bei den Eingangsstufen des zweigeschossigen Clubheims. Silbermetallic. Was denn sonst! In Gold gab es so ein Angeberauto wohl nicht. Verwundert stellte Laurenz fest, dass da auch Wagen mit Kennzeichen anderer Städte und Kreise geparkt waren. Das fand er merkwürdig. Nur in einer Tennishalle brannte Licht. Müdes Plop-plop. Da spielte offenbar nur ein einziges Pärchen. Im Clubhaus ging es allerdings lebhafter zu. Im Parterre schienen ein paar Leute, von denen Laurenz bloß Schattenrisse sah, gestenreich zu diskutieren. Aus dem Eckzimmer in der oberen Etage drang rötliches Funzeln wie von einem Grablämpchen. Hatte Heidenreuther dort seine abgehobenen Clowns versammelt?

Laurenz schlich näher zur vierstufigen Treppe des Vereinsheimes und lauerte gebückt zwischen den Autos. Fette Tauben tippelten umher und pickten sogar zwischen seinen Füßen nach Keksresten aus weggeworfenen Verpackungen. Von Westen her zog die frühe Dunkelheit am grünlichen Himmel auf. Zweimal kamen Wagen mit eiligen Männern angefahren. Die Leute, die das Haus verließen, hatten Wutgesichter. Was spielte sich da ab? Dass die Joggerin, die bei den Fahnenmasten ihre Dehnübungen absolvierte, eine Polizeibeamtin war, konnte Laurenz selbstverständlich nicht wissen. Der Anzug der Frau hatte die gleiche hässliche gelbe Farbe wie die Trikots von Borussia Dortmund. Es war kalt geworden, Laurenz zitterte.

Ich muss in das verdammte Eckzimmer da oben peilen!, dachte er. Die Eibe! Der Baum dicht hinter der Ecke war höher als das Haus mit dem Flachdach. Laurenz hatte zwar gehört, dass Eiben giftig seien, aber darauf konnte er jetzt keine Rücksicht nehmen. Schon spurtete er los.

Die Borke war griffig. Schwierig wurde es, als er sich durch das dichte Zweiggewirr zwängen musste. Aber er nahm die Kratzer im Gesicht und an den Händen in Kauf. Die Ledermütze zog er tief in die Stirn, um die Augen zu schützen. Wenn ihn nur niemand bemerkte! Ein massiger Mann harkte Laub zusammen bei den Buchen neben der vorderen Tennishalle, aber der war ziemlich weit weg. Laurenz vertraute blind auf sein Glück.

Jetzt war er hoch genug. Durch das seitliche Fenster konnte er fast den ganzen Raum überschauen. Laurenz zählte elf Leute. Sie saßen im Schneidersitz auf ihren Yogamatten und hatten einen Kreis gebildet. Die Arme leicht angewinkelt, die Handflächen nach oben gewendet: Lotussitz. Das hatte Laurenz in einem Fernsehfilm gesehen. Außer Heidenreuther war nur ein weiterer Mann in der Runde, einige der neun Frauen hatten anscheinend die Frisuren gelöst, jedenfalls hing ihnen das Haar lang ins Gesicht. Und alle trugen weiße Überwürfe, die sahen aus wie Priestergewänder. Meditierten diese Leute schweigend vor sich hin? Zu hören war jedenfalls nichts. In der Mitte des Kreises leuchtete in einer Glaskugel ein diffuses rotes Licht. Laurenz strengte die Augen an, weil er herausfinden wollte, ob ihm jemand außer Heidenreuther bekannt war, doch die Gesichter waren nur helle Flecke. Aber das stand fest: Donata war nicht dabei.

Auf einmal sprang der Kunsterzieher auf die Füße. Die anderen taten es ihm nach. Sie fassten sich bei den Händen und murmelten irgendetwas, das Laurenz in seinem Baumversteck nicht verstehen konnte.

Ein Hexenring!

Laurenz dachte: Wie die Pilze im Wald. Stehen die da jetzt rum, weil sie in der Mitte ihres Kreises so etwas wie ein Kraftfeld vermuten, Magie oder so? – Lächerlich sah das aus. Fauler Zauber! Und bei solch einem Tüttelkram machte Donata normalerweise mit? Was war nur in sie gefahren? Was versprach sie sich von solchen Ritualen? Von Bewusstseinserweiterung hatte sie geredet. Laurenz verstand die Welt nicht mehr. Er überlegte einen Herzschlag lang, ob er das alles bloß träumte.

Dann allerdings hatte die Wirklichkeit ihn wieder.

»Hey, du Drecksau da oben! Geiler Spanner, was? Willste nackte Weiber anstarren? Warte, ich werd dir helfen!«

Laurenz erschrak so sehr, dass er fast den Halt verloren hätte. Unter ihm stand der Mann mit der Laubharke. Catcherfigur mit Kleiderschrankschultern, ein Dreizentnertyp. Und die Harke hielt er wie eine Lanze. Laurenz erkannte mit einem Blick, dass er gegen den Mann keine Chance hatte.

»Los, runter! Wird's bald?« Eine Stimme wie eine Posaune.

»Ich ... ich wollte nur ...« Weiter kam Laurenz nicht.

Plötzlich kamen da zwei Jungen aus dem Hintergrund gezischt. Sie kreischten wild, traten nach den Stiefelbeinen des feisten Mannes, schubsten ihn, boxten ihn, sprangen herum wie die Irrwische, duckten sich behände und lärmten wie eine Herde Paviane. Der überraschte Mann schien nicht genau zu wissen, wohin er zuerst schlagen sollte.

Die Zwillinge! Laurenz wollte seinen Augen nicht trauen.

»Spring!«, schrie Michael. »Laurenz, spring schnell!«

Laurenz zögerte nur kurz, dann ließ er sich aus dem Baum fallen. Harte Zweige peitschten ihm ins Gesicht. Ein Hosenbein war hochgerutscht, ein Aststumpf ratschte ihm über die Wade. Heftig schlug er auf. Ein höllischer Schmerz durchzuckte ihn, als die Knie auf den Boden knallten. Aber Laurenz kam wieder auf die Beine.

Der Mann holte aus mit der Harke. Laurenz unterlief den Schlag, hechtete zur Seite, kam taumelnd wieder hoch und spürte die Hände seiner Brüder an den Armen.

»Weg, nix wie weg!«, brüllte Gabriel.

Der dicke Mann kam gestampft wie ein Elefant, doch er war zu langsam. Unten im Clubhaus wurden Stimmen laut. Zwei, drei Männer erschienen an der Tür, riefen Sätze, die Laurenz nicht verstand und auch nicht verstehen wollte. Geschimpfe, Flüche. Laurenz schämte sich. Ich bin ein Erwachsener und laufe weg wie ein Junge, der vor Angst die Hose voll hat! Donata hatte erklärt: Ich bin jetzt erwachsen. Wollte sie ihm damit vielleicht signalisieren, dass er noch nicht erwachsen sei? Egal! Von dem Catcher wollte Laurenz sich jedenfalls nicht platt machen lassen.

Michael spurtete voraus. »Durch die Büsche in den Stadtpark rein! Die lahmen Enten kriegen uns sowieso nicht!«

Sie rannten weiter, obwohl sie nicht verfolgt wurden. Dann ließen sie sich auf die grüne Bank plumpsen, die die Stadtsparkasse gestiftet hatte, und rangen nach Luft. Ein alter Mann in wattierter Jacke, der zwei keuchende Riesendackel ausführte, starrte sie feindselig an.

»Wo kommt ihr denn bloß her?«, fragte Laurenz.

»Vom Mond«, sagte Gabriel.

»Aber was macht ihr denn hier?«

»Du kannst vielleicht fragen!« Michael tippte sich an die Stirn. »Auf dich aufpassen natürlich, du Blödmann!«

Pitsch Kopke berichtete und kaute dabei Lakritzbonbons. »Hartwig Osthaus, also, die Daten stimmen, ich war in Wesel beim Einwohnermeldeamt. Studierter Agraringenieur. Jetzt rate mal, wohin der vor rund dreiundzwanzig Jahren gezogen ist!«

»Nach Afrika natürlich«, sagte Urban. »Wohin denn sonst?«

»Jetzt leck mich doch einer!« Kopke bekam den Mund nicht mehr richtig zu. »Allmählich glaube ich dran, dass du die Flöhe husten hörst. Und warum ist der wohl nach Afrika gezogen?«

Urban breitete die Arme aus. »Siehst du? Da bin ich mit meinem Latein schon am Ende. Ich weiß bloß, dass er irgendwo im Kongogebiet war und dass dort seine Tochter geboren wurde. Was der Mann namens Osthaus dort gemacht hat, weiß ich nicht. Aber seine Frau ist wohl dort gestorben.«

»Entwicklungshilfe«, sagte Pitsch Kopke. »Ulla Osthaus und Hartwig Osthaus haben bei einem Projekt der Steyler Missionare mitgemacht. Es ging um 'ne Versuchsfarm. Er sollte dort wohl mit Getreidesorten experimentieren, sie war irgendwie im Gesundheitswesen tätig.«

Kopke schaute auf seinen Notizblock und berichtete chronologisch. Hartwig Osthaus und seine Frau Ulla, geborene Winkelmann, hatten Kindheit und Jugend in Wesel verbracht. Nach der Ausbildung hatten sie geheiratet und nach interessanten Arbeitsgebieten Ausschau gehalten. Über eine Zeitungsanzeige waren sie auf das Projekt im Kongo aufmerksam geworden, hatten sich beworben und waren nach den üblichen Gesundheitschecks aus einer größeren Bewerberschar ausgesucht worden. Die Farm in der Steppe von Shaba gehörte zu einem Großversuch, der von belgischen und niederländischen Missionaren begleitet und finanziell von verschiedenen europäischen Organisationen ermöglicht wurde. Aber irgendwann war etwas Außergewöhnliches passiert. Wahrscheinlich eine Katastrophe. Pitsch Kopke hatte sich bei der Missionszentrale in Kaldenkichen erkundigt und auch beim Ministerium für Wirtschaftliche Zusammenarbeit. Erstaunlicherweise wusste niemand etwas Genaues. Vielleicht wollte man es auch nicht wissen. Was aus Osthaus und seiner Frau geworden war, entzog sich allgemeiner Kenntnis. Auf jeden Fall war das Projekt als gescheitert abgehakt worden. Mysteriös das Ganze jedenfalls.

»Hast du die simulierten Bilder jemandem zeigen können?«, fragte Urban. »Osthaus von damals.« Er dachte angestrengt nach. »Hat ihn jemand identifizieren können?«

»Ja und nein«, sagte Pitsch Kopke und hörte auf zu kauen. Mit der Hilfe der Kollegen aus Wesel habe er ein älteres Ehepaar ausgekundschaftet, das in der Straße wohne, in der Osthaus mit seiner Frau damals gewohnt hatte. »Verwandtschaft gibt es nicht mehr. Aber diese Leutchen können sich gut erinnern. Das eine und andere der simulierten Bilder weise zweifellos Ähnlichkeit mit Osthaus auf, so, wie er damals ausgesehen hat. Mit Kinnbart. Aber mit Sicherheit wollten die beiden das nicht bestätigen.«

»Halleluja!« Urban schlug die Hände zusammen. »Endlich mal Zeitgenossen, die sich ihrer Sache nicht sicher sind. Mir geht es nämlich langsam auf den Keks, dass sich alle immer so sicher sind, wenn sie mir antworten. Die Oberstudienrätin, Laurenz Pfeiffer, Hartwig Osthaus ... Gewissheit, bei allem, was sie sagen, kein bisschen Zweifel, ob sie über Gott, Kollegen oder die Zustände in diesem Jammertal urteilen. Es gibt einen feinen Satz, Pitsch, den solltest du dir über das Bett nageln: Zweifel ist kein angenehmer geistiger Zustand, aber Gewissheit ist ein lächerlicher. – Stammt übrigens nicht von mir, sondern von Voltaire.«

»Woher weißt du immer so schlaue Sätze?«

Urban grinste. »Weil ich im Gegensatz zu dir viel lese. Unser Problem ist jetzt, dass wir einen Osthaus haben, der nach Afrika gereist ist, und einen anderen, der aus Afrika gekommen ist, und der andere tut so, als ob er der eine sei, aber er ist es nicht. Warum hat der Herr Unternehmer vom Uhlenhof die Identität jenes Hartwig Osthaus angenommen, der aus Wesel stammt? Spannende Frage, wie?«

»Und du bist dir sicher, dass keine Identität besteht?«

»Hast du's schon vergessen, Pitsch? Sicher kann man sich erst sein, wenn man Beweise auf dem Tisch hat. Noch stellen wir Hypothesen auf, aber wir haben Anhaltspunkte. Ein begründeter Verdacht ist das. Einverstanden?«

»Wenn du's sagst, Bwana.«

»Und die Beweise wirst du beschaffen. Da kommt eine sehr schöne Aufgabe auf unseren Computerfreak zu.« Urban grinste seinen Mitarbeiter an. »Auf Donatas Auto ist übrigens geschossen worden.«

»Ach du Scheiße!«

Urban winkte ab. »Ihr ist nichts passiert. War nur 'ne Schrotladung. Aber das war die Warnung Nummer zwei, weil Osthaus auf die erste nicht reagiert hat. Konnte er ja auch nicht, weil er wohl noch nicht genau erkannt hat, dass der Pferdetöter ihn persönlich treffen wollte. Das Wort Ntambu haben wir ihm vorenthalten. Bis jetzt! Aber nun müssen wir Acht geben, dass uns die Fäden nicht aus den Fingern gerissen werden.«

»Das schätze ich so an dir«, fauchte Kopke, »dass du immer so hübsch in Rätseln sprichst. Was weißt du denn schon wieder, was ich nicht weiß?«

»Zum Beispiel weiß ich«, entgegnete Urban, »dass das Wort Ntambu aus der Kikongo-Sprache stammt und Löwe bedeutet. Das ist doch schon was! Ich vermute, dass es mit der tatsächlichen Identität von Osthaus zu tun hat. Dein Job, das zu ermitteln!«

Pitsch Kopke kniff die Augen zu Schlitzen zusammen, weil Urban ihm Qualm ins Gesicht blies. Er sagte: »Du kannst mich ruhig für beschränkt halten, aber nach meiner Ansicht beschäftigen wir uns ausschließlich mit den Opfern und nicht mit dem Täter. Osthaus und seine Tochter sind die Opfer und ...«

Der Kommissar unterbrach ihn. »Du guckst dir zu viele Western an. In Wildwestfilmen sind die Rollen klar verteilt, da gibt's den Guten und den Bösen, am Schluss kommt es zum Show-down und der Gute gewinnt. Clint Eastwood und so. Aber im wirklichen Leben kann ein Opfer auch ein Täter sein und ein Täter ein Opfer. Drücke ich mich deutlich genug aus? Außerdem recherchieren wir ja inzwischen auch in eine andere Richtung.«

Pitsch Kopke zog seine Show ab. Er rammte den Kopf gegen die Wand. »Ich geb's auf! Ich bin zu blöde für diesen Job. Ich mach 'ne Kneipe auf.«

»Du Banause? Wer würde denn bei dir schon essen wollen! Versuch's mit 'ner Frittenbude. Aber vorher darfst du noch mal ins Internet. Gleich morgen früh.«

»Du hast sie doch nicht alle!« Kopke protestierte. »Mein Bericht für den Staatsanwalt. Der Bruch beim Bahnhofskiosk. Ich bin längst überfällig.«

Urban blieb gelassen. »Staatsanwälte sind ausgesprochen geduldige Menschen. Wir müssen endlich wissen, wer unser Hartwig Osthaus in Wirklichkeit ist. Er stammt nicht aus Wesel, ist aber über den Osthaus aus Wesel informiert. In seiner Sprache klingt ein niederländischer Akzent mit. Wir haben Phantombilder und wir haben wunderbare Fingerabdrücke. Entscheidend wird sein, ob man noch immer Daten über ihn gespeichert hält oder ob er sozusagen längst ad acta gelegt worden ist. Was auch immer damals passiert ist: Es ist über zwanzig Jahre her. Aber du machst das schon, du bist der Virtuose auf den Computertasten.«

Kopke schloss die Augen und lächelte ergeben. »Und wo, denkst du, soll ich mich einklinken?«

»Bundeskriminalamt, Auslandsdienste, Amtshilfe über die Interpolschiene ... Junge, du kennst dich doch besser aus als ich! Spiel mit dem Namen Löwe herum, ja? Auch in niederländischen Spielarten. Holland, flämisches Belgien. Leuven, de Löw, van Loep, Loeve, Leche ...« Urban malte Namen auf seinen Block. »Von mir aus auch Lion und Lyon. – Hoffentlich sind wir nicht auf dem falschen Dampfer!«

»Dein Negersklave wird sich Mühe geben, Bwana.«

»Das höre ich gern. Darum darfst du jetzt auch Feierabend machen.« Urban schnaufte gequält. »Ich habe noch eine Verabredung mit einer jungen Dame. Donata Osthaus erwartet mich auf dem Uhlenhof. Wird Zeit für mich.«

Doch in diesem Augenblick kam Kriminalassistentin Norgard Rottluff in Urbans Büro gehüpft. Über dem hässlichen Jogginganzug trug sie eine Art Poncho.

»Sie hatten den richtigen Riecher«, sagte sie voll Eifer. »Ich bin also dem Heidenreuther nachgefahren. Was die da konkret im Tennisclub abgefeiert haben, weiß ich nicht, aber mir stinkt der ganze Laden. Irgendwas ist da nicht koscher.«

Sie berichtete von Autos mit den Kennzeichen anderer Städte und Kreise, vom ständigen Kommen und Gehen, von Clubgästen, die keine Tennisschläger bei sich hatten, und sie legte Urban auch die Fotos auf die Tischplatte, die sie mit der Sofortbildkamera geschossen hatte. Urban und Kopke schauten sich interessiert die Bilder an.

»Sieh an, sieh an!« Urban tippte mit dem Finger auf ein Foto, das zeigte leicht unscharf einen jungen Mann, der eine markante Ledermütze trug. »Unser lieber Freund spielt Sherlock Holmes. Auf den müssen wir aufpassen.«

Norgard Rottluff kicherte. »Auf den passen schon zwei Kids auf! Die haben ihm geholfen, als er beim Fensterln erwischt wurde.«

»Kann mir mal einer verraten, um was es hier eigentlich geht?«, nörgelte Pitsch Kopke.

»Morgen«, sagte Urban, »morgen verrate ich's dir.«

Im Wigwam der Indianerin

To be alone with you ... Urban hatte die Kassette *Nashville Skyline* mit alten Songs von Bob Dylan eingeschoben. Hin und wieder lauschte er gern der rauchigen Stimme des alten Barden, der seine große Zeit gehabt hatte. Ein bisschen Nostalgie, ein paar Erinnerungen. *It's all over now, Baby Blue!* Als Urban das Wohnmobil aus dem Feierabendverkehr, der auf der Kreisstraße herrschte, in die stille Landschaft lenkte, spürte er dieses seltsame Gemisch aus Müdigkeit im Körper und Überwachheit im Gehirn, das er als angenehm empfand. In solchen Minuten spielte das Zeitgefühl verrückt. Nur das Summen des Motors war zu hören. Kein Wind. Kein Rauschen in den Bäumen. Die Grenze zwischen dunkelbraunem Regenhimmel und schwarzem Ackerland war aufgehoben. Die milchigen Lichtbündel der Scheinwerfer erfassten taumelnde Blätter und letzte Falter. Über dem Uhlenhof schwebte ein Kranz aus kaltem Licht.

Urban brauchte nicht auszusteigen, um den Klingelknopf zu drücken, denn über irgendeine der zahlreichen Kameras war seine Ankunft wohl registriert worden. Das Metalltor öffnete sich. Urban wusste, dass er erwartet wurde, und nicht nur von Donata. Er konnte erkennen, dass in der unverschlossenen Garage neben dem Pferdestall der Geländewagen abgestellt war. Neben dem Frontera parkte der Mini-Cooper. Da war auch noch ein anderes

Fahrzeug, anscheinend eines der Oberklasse, aber aus der Entfernung konnte Urban nicht ausmachen, was für eine Marke das war.

Dann sah er Matzek. Der Mann mit der Krücke hockte auf der untersten Stufe vor dem Hausportal und hielt demonstrativ ein Gewehr im Arm.

Urban stellte den Motor ab und stieg aus. »Mein lieber Mann, was soll denn dieses Theater? Machen Sie sich nicht unglücklich!«

»Ich hab einen Jagdschein«, antwortete Matzek trotzig, »und dies ist Privatgelände. Und was das soll? Dass jeder weiß, dass wir hier wachsam sind: Das soll das!« Hoppy Matzek kam mühsam auf die Beine und öffnete für den Kommissar die Haustür. Dann nahm er seinen Posten wieder ein.

Die schläfrige Dogge ruhte vor dem Kamin, als hätte sie sich seit Tagen nicht bewegt. Aus dem Souterrain drangen Küchengerüche in die Diele, anscheinend bereitete Grete Matzek das Abendessen.

Dann erschien Hartwig Osthaus auf der Bildfläche. Urban wusste, dass dieser Auftritt inszeniert war. Kaum hatte er den Fuß auf die Treppe gesetzt, die zu Donatas Behausung führte, sprang die Flügeltür des Wohnzimmers auf und Osthaus stand da wie ein gewichtiger Opernsänger, den Kognakschwenker in der Hand.

»Guten Abend, Herr Osthaus! Ich bin mit Ihrer Tochter verabredet.« Urban hatte eigentlich keine Lust mit Osthaus zu reden.

»Es wär mir aber lieber, wenn ich bei dem Gespräch dabei wäre. So als Vater ...«

»Sagten Sie mir gestern nicht, Ihre Tochter habe alle Freiheiten und führe ihr eigenes Leben? Dann reden Sie ihr und mir jetzt bitte auch nicht rein. Ich habe sowieso nur ein paar Fragen.«

Osthaus trat näher, sprach nun leiser. »Was diesen Schuss betrifft, das mit den Schrotkugeln, also, das hat nichts weiter zu bedeuten. Dummer Zufall. Da bin ich mir ganz sicher.«

Urban dachte: Schon wieder ist sich einer seiner Sache ganz sicher. Das hört nicht auf! »Kann sein, kann auch nicht sein«, sagte er ausweichend.

»Irgendeiner von diesen kurzsichtigen oder halb blinden Bauern. In dieser Gegend ballert ja so ziemlich jeder auf Fasane und Kaninchen und so. Ich würde dieser kleinen Episode weiter keine Bedeutung beimessen, obwohl ...« Er zögerte. »Obwohl es vielleicht ein kleiner Schock für meine Tochter war. Ich weiß gar nicht, ob es gut ist, dass Sie ausgerechnet jetzt mit ihr reden wollen.«

»Müssen Sie ja auch nicht wissen«, antwortete Urban schroff. Was wollte dieser Mann mit seiner Überheblichkeit und seiner gemimten Selbstsicherheit vertuschen?

»Aber fassen Sie sich kurz! Darauf muss ich bestehen.«

»Ich neige nicht dazu, Zeit zu verplempern«, sagte Urban.

Osthaus kippte den letzten Schluck aus seinem Glas und hob den Finger. »Das sollten Sie auch nicht! Ist es, verdammt noch mal, so schwer, einen Ganoven zu verhaften, der aus perverser Lust ein Pferd abschlachtet? Tun Sie doch endlich was!«

Urban sagte: »Wir tun vielleicht mehr, als Ihnen lieb ist.« Er wartete nicht auf eine weitere Reaktion, er drehte Osthaus den Rücken zu und stieg die leicht geschwungene Treppe hinauf. Wieder schnupperte er den Zigarettenschmauch, der hier oben noch stärker war. Urban klopfte an die Teakholztür.

Zwar hatte Wibke Terhoff ihm schon prophezeit, dass er überrascht sein werde, doch als die Tür langsam geöffnet wurde, war Urban dennoch verblüfft.

Die erste Überraschung: Donata wirkte in der Tat nicht wie eine achtzehnjährige Schülerin, sie war eindeutig fraulicher. Ist sie hübsch?, dachte Urban, als er den großen Raum betrat. Nein, entschied er, hübsch ist das falsche Wort: Sie ist schön. Ein offenes, ruhiges Gesicht mit ebenmäßigen Zügen und großen, grünlichen Augen, das kastanienbraune Haar in der Mitte gescheitelt und annähernd schulterlang. Donata trug einen burgunderfarbenen Anzug aus sehr fein geripptem Kord. Urban sagte seinen Namen.

»Erstaunlich.« Donata Osthaus lächelte leicht. »Ich hatte Sie mir ganz anders vorgestellt. Irgendwie grimmiger.« Sie reichte dem Kommissar die Hand.

»Ich könnte ja mal die Zähne fletschen«, schlug Urban vor, »dann sehe ich unheimlich grimmig aus.«

»Muss nicht unbedingt sein.« Donata machte eine einladende Handbewegung. »Kommen Sie herein! Und reden Sie mich bitte nicht mit Frau oder Fräulein an, ja? Ich heiße Donata, einfach Donata.«

»In Ordnung.« Urban betrat Donatas Wohnung.

Die zweite Überraschung: Die obere Etage des Hauses war ein einziger großer Raum, fast mit den Ausmaßen einer Turnhalle. Es gab keine Fenster in den Dachschrägen, das Licht stammte ausschließlich aus entspiegelten Leuchtröhren. An der nördlichen Stirnwand war eine Kabine abgetrennt, vermutlich so etwas wie ein Waschraum. Dort stand auch der Schreibtisch mit PC und einem hängenden Bücherregal. Auf einem Wandbord dampfte ein Samowar.

In der Mitte des Raumes war das Zelt aufgebaut. Ein Wigwam aus hellem Segeltuch, bemalt mit blauen und schwarzen Ornamenten, die auf Urban wie ägyptische Bilderschriften wirkten.

»Das Zelt ist meine Wohnung«, sagte Donata, »alles drum rum ist sozusagen der Außenbezirk für die Arbeit. Möchten Sie mit mir in mein Zelt kommen?«

»Lassen Sie mir einen Augenblick Zeit für die Bilder!«, bat Urban. »Dann reden wir.«

Die dritte Überraschung: Urban fühlte sich mental angezogen von den Malereien, beinahe fasziniert. Nur etwa zwanzig Bilder waren aufgerichtet auf niedrigen Schemeln und Staffeleien, viele bemalte Leinwände, Kartons und Aquarellblätter lehnten an der südlichen Stirnwand und an den Stützbalken, die den Dachfirst trugen, und von diesen Arbeiten waren nur die Rückseiten zu sehen. Doch die zur Schau gestellten Bilder strotzten geradezu von Vitalität. Große Bildformate, starke Farbigkeit. Unbekümmert. Urban dachte das Wort *unbekümmert.* Da gab es keine stilistischen Anlehnungen, keine Möglichkeiten der Zuordnung. Sie malte einfach! Figürlich? Reine Abstraktion? Irgendetwas dazwischen? Für Donata schienen sich solche formalen Fragen gar nicht erst zu stellen. Ja, sie malte. Einige Bilder erinnerten Urban an die spontanen Gravuren australischer Aborigines. Gesichter, Masken, Kultfiguren? Aber da waren auch stilisierte Gestalten in tänzerischer Bewegung, schlafwandlerisch sicher in die farbigen Flächen gesetzt, schwingend in den Bewegungen, tänzerisch. Donata schien leuchtende Acrylfarben zu bevorzugen, doch es gab auch erdige Töne, pastos gespachtelt, imaginäre Landschaften darstellend.

Es setzte Urban in Erstaunen, dass Donata mit der gleichen Selbstverständlichkeit monochrome Flächen gestaltet hatte. Da war ein ganz und gar ultramarinblaues Bild mit beinahe hingehauchten Einsprengseln in einem hellen Türkis, ein Augenreiz, eine Einladung zur Meditation – zum Traum.

Urban erkannte, dass Donata ihre Möglichkeiten ausprobierte, ungehemmt, frei wie ein Vogel. Ihre Bildideen, die bildnerischen Mittel, die malerischen Techniken. Sie war auf dem Weg, sie war noch keine fertige Malerin, aber ohne Zweifel konnte sie mit ihrem Talent wuchern: Da waren keine Grenzen zu erkennen. Sie suchte die Bilder nicht, sie waren in ihr. Urban verspürte für einen Moment so etwas wie Neid.

Sein Blick fiel auf ein Gemälde, das anscheinend noch in Arbeit war, denn Farbtuben lagen vor der Staffelei herum und ein Krug mit Pinseln stand da. Hexenring!, dachte Urban sofort. Ein weißlicher Innenraum, nur scheinbar farblos, in Wirklichkeit vom Zentrum aus strahlend. Um diesen Kreis herum waren seltsame Gebilde angeordnet, pilzförmig, aber menschliche Gesichter darstellend. Doch die Züge dieser Gesichter waren nachträglich deformiert worden, verwischt, unkenntlich gemacht. So hatte der englische Künstler Francis Bacon gearbeitet, das war seine Handschrift, aber Urban glaubte nicht daran, dass Donata Bacons Art des Malens kannte. Eine Zufälligkeit? Eine Parallelität des Empfindens oder der Aussagemöglichkeit?

Donata hatte sich neben Urban gestellt. »Das Bild ist noch nicht ganz fertig. Kennen Sie Hexenringe?«

Urban nickte. »Diese seltsamen Formationen von Pilzen, ja, die kenne ich. Sie werden auch Feenringe genannt.«

»Ich finde das Wort Hexenringe treffender. Mit Feen und solchem Kitsch habe ich nichts am Hut. Aber Hexen! Geheimnisvolle Frauen voll magischer Kraft. Ich meine nicht die buckligen Hexen aus dem Märchen, ich meine die, die's mal wirklich gegeben hat und die von den Pfaffen und Hexenjägern verbrannt wurden.«

Urban antwortete nicht. Er dachte: Wahrscheinlich waren es kluge Frauen, die sich mit der Natur auskannten und viel über Heilpflanzen wussten. Außerdem widerstanden sie dem Hokuspokus Menschen verachtender und wundergläubiger Kirchenmänner, die sich vor der Aufklärung fürchteten und ihre Macht demonstrieren mussten.

Donata sagte überlaut: »Fragen Sie mich bitte nicht, was ich mit diesem Bild ausdrücken möchte!«

»Keine Sorge«, sagte Urban. »Bilder, die man erklären muss, taugen ohnehin nichts. Außerdem sieht jeder Betrachter ein Bild auf seine Weise. Die Gedanken des Malers oder der Malerin sind uninteressant.«

»Ich denke beim Malen nicht, ich träume.«

»Wir müssen jetzt zur Sache kommen«, mahnte Urban, obwohl ihm klar war, dass sie längst bei der Sache waren.

»Gehen wir in mein Zelt!«

Donatas Wigwam war mit Schaffellen ausgelegt. Auf dem erhöhten Schlafplatz lagen wollene Decken. Lederne Kissen aus gepunzter Ziegenhaut luden zum Sitzen ein.

»Die Schuhe«, sagte Donata, »bitte die Schuhe ausziehen.«

Urban streifte die Slipper von den Füßen und kroch hinter Donata her in das geräumige Zelt. Er nahm Platz auf einem der Kissen. Der Zigarettengeruch war hier besonders deutlich wahrzunehmen.

Donata strich sich mit den Fingern durch ihr langes Haar. Sie flüsterte, als richtete sie diese Worte nicht an den Kommissar, sondern an eine nicht anwesende Person: »Ich werde nie wieder reiten. Nie mehr im Leben möchte ich ein Pferd haben. Falada! Warum hat man mir das angetan?«

Urban sagte: »Antworten Sie jetzt nicht voreilig! Überlegen Sie erst gut! Fällt Ihnen irgendjemand ein, der Ihnen schaden will, der Sie verletzen will?«

Donata stützte das Kinn auf die Fäuste. An ihrer Nasenwurzel bildeten sich Falten. Sie nahm sich Zeit, sie dachte angestrengt nach. »Vielleicht gibt es jemanden. Aber ich weiß beim besten Willen nicht, wer es sein könnte und warum er mir etwas antun will. Er hat ja auch nicht nur mich getroffen, sondern vor allem mein schönes Pferd. Dass jemand so niederträchtig sein kann! Krank im Kopf.«

»Und wenn dieser Unbekannte es auf Ihren Vater abgesehen hat? Kennen Sie irgendwelche Leute, mit denen Ihr Vater verfeindet ist? Geschäftliche Rivalitäten oder Kleinkrieg unter Investoren oder Unternehmern? Konkurrenzkampf? Erinnern Sie sich vielleicht an Streitereien oder heftige Auseinandersetzungen bei Telefongesprächen?«

Donata schüttelte entschieden den Kopf. »Mir fällt absolut nichts ein. Über die geschäftlichen Angelegenheiten meines Vaters weiß ich ohnehin rein gar nichts. Er hat mal erklärt: Firma ist Firma und zu Hause ist zu Hause. Verstehen Sie? Sein Unternehmen ist auf dem Uhlenhof kein Thema. Außerdem weiß er, dass mich das nicht interessieren würde. Er lässt mich mein eigenes Leben leben, er gibt mir alle Freiheiten und dafür liebe ich ihn. Ich brauche das! Ich muss Luft haben zum Atmen. Darum ist auch die Beziehung zu Laurenz so anders geworden. Das war wohl was Postpubertäres, was wir für Liebe hielten – jedenfalls, was mich betrifft. Ich muss mich jetzt erst einmal selber zurechtfinden. Aber warum erzähle ich Ihnen das alles?«

»Weil ich Ihnen zuhöre.«

»Ja, vielleicht. Möchten Sie einen Lavendeltee?«

»Gern«, log Urban. Er mochte solche Teesorten nicht, die nach Parfüm rochen und auch so schmeckten. Er bemerkte, dass Donata sich außergewöhnlich leichtfüßig in ihren weißen Mokassins bewegte, doch als sie mit den Tassen vom Samowar zurückkam, zitterten ihre Hände ein wenig.

»Stonehenge«, sagte Donata ganz unvermittelt, »Stonehenge ist auch ein Hexenring. Es gibt auf der Welt viele magische Kreise.« Sie stieß ein leises Lachen aus. »Telefonzellen zum Kosmos vielleicht.«

»Lassen Sie uns auf der Erde bleiben«, sagte Urban. Er schlürfte tapfer. Das Gebräu schmeckte so scheußlich wie es roch. »Werden Sie morgen wieder zur Schule gehen?«

»Ich weiß nicht. Wahrscheinlich ja.«

»Dann reden Sie ein paar Worte mit Laurenz Pfeiffer! Die lieben Mitschüler scheinen ihm ziemlich zuzusetzen. Die Sache mit Ihrem Pferd schieben sie ihm in die Schuhe. Eine Geste von Ihnen könnte die törichten Gerüchte vom Tisch wischen.«

»Laurenz?« Donata wühlte aufgebracht in ihrem Haar. »Das ist doch ein Megawitz! Der sanfte Laurenz, der doch nicht. Was in unserer Schule für 'n Schwachsinn gequatscht wird, das hält man doch im Kopf nicht aus. Dass ich mit Heidenreuther was hätte, das tuscheln diese Hirnis auch.«

»Sie haben aber nichts mit ihm?«

»Nein, verflucht!«, fauchte Donata wie eine Wildkatze. Dann leiser: »Ich weiß nur nicht, was ich zu Laurenz sagen soll. Er macht es mir schwer.«

Urban nahm einen letzten Schluck und gab sich Mühe die Geschmacksnerven auszuschalten. »Sie könnten ihm zum Beispiel sagen, dass er nicht James Bond spielen soll. So etwas kann gefährlich werden.«

»Was meinen Sie? Das verstehe ich nicht.«

»Aber er versteht es«, sagte Urban. »Er macht auf Detektiv und schleicht Heidenreuther nach. Irgendwie will er Sie vor diesem Mann bewahren. Kann auch sein, dass er bloß eifersüchtig ist.«

»Laurenz ist wirklich noch ein Junge!«

»Und Sie sind erwachsen?« Urban achtete genau auf die Wirkung seiner Worte. Er bemerkte, dass Donatas Züge sich leicht verhärteten. »Haben Sie das Wort Ntambu schon einmal gehört?«

»Ntambu? Was soll das sein? Nein, nie gehört!« Donata schaute den Kommissar verwundert an. »Soll das Wort mit mir was zu tun haben? Nein, bestimmt nicht! Sie müssen den Verbrecher fassen, der Falada ermordet hat. Es ist so schlimm für mich!«

»Wir werden ihn fassen«, sagte Urban und dachte dabei: Mädchen, es wird vielleicht noch schlimmer für dich werden. »Jetzt habe ich eine sehr wichtige Frage. Sie wollten sich ursprünglich nicht hier mit meiner Mitarbeiterin treffen, sondern in der Stadt. Warum, Donata?«

Es sah aus, als müsste Donata sich die Hände an der Teetasse wärmen, dabei war es übermäßig warm in ihrem Zelt. »Ganz einfach«, sagte sie, »weil ich ja sowieso in die Stadt musste. Wir haben dienstags immer unser Treffen. Konzentrationstraining, so etwas wie Kontemplation. Verstehen Sie was davon?«

»Nein. Sollte ich?«

Donata stellte die Tasse behutsam auf das Schaffell. Ihre Hände zitterten noch immer ein wenig. »Das ist für jeden gut. Man besinnt sich auf sich selbst und kommt zur Ruhe. Und in der Ruhe erweitert sich das Bewusstsein. Wir diskutieren dann auch über den höheren Sinn des Lebens.«

Mumpitz!, wollte Urban eigentlich sagen, doch er äußerte nur wie angelegentlich: »Ich glaube nicht, dass es einen höheren Sinn des Lebens gibt. Der Sinn des Lebens ist das Leben. Punkt. Sonst nichts. Leitet Herr Heidenreuther diesen Zirkel der Auserwählten?«

Donata reagierte aufgebracht. »Ihren Spott können Sie sich in die Haare schmieren! Ich bin dankbar, dass Herr Heidenreuther mich mitmachen lässt, denn ich spüre ja, dass mehr und mehr die verschütteten Erinnerungen aus meinem Unterbewussten ins Bewusstsein dringen. Ich muss Klarheit in die verschwommenen Bilder bringen.« Den letzten Satz sagte sie ganz leise, er war auch nicht für den Kommissar bestimmt.

»Sie versuchen sich an Ihre Mutter zu erinnern?«

»Das vor allem«, sagte Donata, »aber das ist es nicht allein. Woher wissen Sie das überhaupt? Von Laurenz?«

Urban bestätigte es. Für ein paar Atemzüge war es so still, dass er das leise Zischeln einer Belüftungsdüse vernehmen konnte, die sich offenbar weit weg vom Wigwam befand. Donata zog mit dem Daumennagel auf ihren Oberschenkeln die dünnen Linien im Kordstoff nach. Dann redete sie wieder so, als spräche sie zu sich selbst.

»Es gibt keine Fotos von meiner Mutter in diesem Haus. Nicht ein einziges Bild. Mein Vater meint, ich sei noch so winzig gewesen, als sie starb, dass ich mich ganz gewiss nicht an sie erinnern könnte, aber ich weiß genau, dass in mir drin eine Erinnerung ist. Dass sie eine wunderbare Frau gewesen sei, hat mein Vater mir wieder und wieder gesagt. Und dass ich Ähnlichkeit mit ihr hätte. Über ihren Tod schweigt er sich aus. Er will mich damit nicht belasten.« Und dann, lauter, fast aufbrausend: »Ich liebe meinen Vater sehr.«

»Ich habe die Schläger gesehen. Spielen Sie gut Tennis?«

»Miserabel.« Donata spitzte die Lippen, als wollte sie ausspucken. »Es macht mir auch nicht besonders viel Spaß. Hat sich einfach so ergeben.«

»Weil diese Treffen mit Herrn Heidenreuther im Tennisclub stattfinden?«

Donata schaute dem Kommissar argwöhnisch ins Gesicht. »Wollen Sie mich irgendwie aushorchen?«

»Wieso aushorchen? Gibt es denn da was zum Aushorchen?«
Urban erwiderte den Blick. »Ich stelle Fragen, weil ich einen Fall zu bearbeiten habe. Das ist alles. Die nächste Frage: Wer weiß von diesen regelmäßigen Zusammenkünften, zu denen Sie an jedem Dienstag in die Stadt fahren? Mal abgesehen von Ihrem Vater und den Matzeks.«

»Wer schon!« Donata hob die Schultern und dachte einen Augenblick nach. »Ist doch nichts Geheimes. Die Leute aus unserem Zirkel wissen das natürlich und einige Typen vom Tennisverein. Ist doch logisch. Wir zahlen da ja Miete für den Raum. Aber sonst? Paar Leutchen aus meiner Jahrgangsstufe. Drei, vier aus dem Lehrerkollegium wohl auch. Das wär's wohl.«

»Die Person, die auf Ihren Wagen geschossen hat, vermutlich auch«, gab Urban zu bedenken. »Gesehen haben Sie niemanden, als die Schrotkugeln Ihr Auto trafen? Auch kein anderes Fahrzeug?«

»Nein, da war nichts zu sehen. Der Schuss kam ja vom Hang runter. Mein Vater meint, dass das Zufall war.«

»Und was meinen Sie?«

»Nichts«, sagte Donata, »ich meine nichts.«

Urban trank den Rest des Lavendeltees. Das Zeug schmeckte wirklich außergewöhnlich scheußlich. »Es geht mich nichts an, ich weiß, aber ich möchte Sie trotzdem vor solchem Hokuspokus spiritistischer Schwärmer warnen. Kann sein, dass ich Herrn Heidenreuther und den anderen Leutchen aus Ihrem Kreis Unrecht tue, aber ich appelliere an Ihre Vernunft. Manche spielen sich auf als erleuchtete Gurus, aber sie erzeugen trotz ihres feierlichen Gesichts und mystizistischer Gebärden nur heiße Luft.«

Donata antwortete schroff: »Sie haben Recht, es geht Sie nichts an. Bewusstseinserweiterung ist kein ...«

Urban fuhr dazwischen: »Und Kiffen? Gehört das auch zur Bewusstseinserweiterung? Wer verschafft Ihnen die Joints? Ist es Herr Heidenreuther?«

»Woher wollen Sie wissen ...«

»Polizisten haben einen ausgeprägten Riecher für gewisse Düfte. Also?«

»Jetzt reden Sie auf einmal auch wie ein Polizist!«

Urban sagte: »Ich *bin* ja auch ein Polizist. Vergessen Sie das nicht. Und ich warte auf Ihre Antwort.«

Donata biss sich auf die Unterlippe. »Ich gebe Ihnen aber keine. Wollen Sie mich nun verhaften?«

»Nein. Aber ich appelliere noch einmal an Ihre Vernunft. Sie haben vorhin erwähnt, dass Sie sich erwachsen fühlen, also benehmen Sie sich nicht wie ein alberner Teenager, der auf jeden Modequatsch reinfällt! Dass ich das aber nicht so einfach hinnehmen kann, werden Sie vermutlich verstehen. Sie verstoßen gegen das Betäubungsmittelgesetz.«

Urban stand auf und verließ das Zelt. Donata blieb hocken. Sie erwiderte seinen Abschiedsgruß nicht. Am Fuß der Treppe wartete Hartwig Osthaus. Die Dogge war nicht zu sehen. Osthaus wirkte nervös.

»Ich hoffe, Sie haben meine Tochter nicht unnötig beunruhigt«, schnaubte Osthaus. »Ich bin mit dem Polizeidirektor gut bekannt, sehr gut sogar. Haben Sie mich verstanden, Herr Urban?«

Urban zeigte nur die Zähne. »Ich werde veranlassen, dass ein Streifenwagen regelmäßig Kontrollfahrten zu Ihrem Anwesen machen wird. Oder wünschen Sie Personenschutz?«

»Unsinn!« Osthaus winkte heftig ab. »Sie wissen doch Bescheid über meine Alarmanlage. Und die Pferde sind selbstverständlich im Stall.«

»Wie Sie meinen.« Urban hatte die Haustür schon geöffnet, als er fragte: »Sagt Ihnen eigentlich das Wort Ntambu etwas?« Er ging schnell weiter und wartete nicht auf eine Antwort, doch er spürte das Erschrecken des Mannes geradezu körperlich.

Musik war aus dem Obergeschoss zu vernehmen. Urban glaubte Charlie Parkers *Now's the time* zu erkennen, er war sich da aber nicht ganz sicher. Hoppy Matzek öffnete mit dem Funkcode das Tor, als Urban in das Wohnmobil stieg. Der Park war von bläulichem Licht erhellt.

Urban fuhr in die Dunkelheit hinaus.

Laurenz ging ins Zimmer der Zwillinge hinüber und schaltete erst einmal den lärmenden CD-Player aus. Michael und Gabriel saßen auf dem Fußboden und pokerten um Streichhölzer.

»Hört mal, ihr Piefkes! Ich lade euch zu 'nem Hamburger und doppelten Pommes ein.«

»Au ja!«, kreischten die beiden. Das war doch was, am Abend mit dem großen Bruder auszugehen.

»Aber jeder muss für sich selber zahlen«, sagte Laurenz, »ich bin nämlich ziemlich pleite.«

Selber bezahlen? Na und! Hauptsache, Laurenz ging endlich einmal wieder mit ihnen weg. So wie früher. Seit Monaten hatte er sich ja nicht um sie gekümmert.

»Du und Donata, habt ihr wirklich Schluss gemacht?«, wollte Gabriel wissen. »So richtig in echt?«

»Frag doch nicht so doof!«, zischte Michael ihm zu.

Laurenz gab keine Antwort.

Schweine kiffen nicht

Der Mittwochmorgen. Alles war plötzlich anders. Der spindeldürre Reporter Max Böhmling hatte seinen Auftrag erfüllt. In der *Allgemeinen* hatten sie es gelesen, dass es nach wie vor keinen konkreten Hinweis auf den Pferdeschlitzer gebe, dass die Kripo in diesem Zusammenhang ausdrücklich betone: *Die Gerüchte über einen Verdächtigen sind völlig aus der Luft gegriffen und entbehren jeglicher Grundlage.* Frau Knüppel hatte sich bei Lehrerinnen und Lehrern und Vertretern der Schülerschaft mächtig ins Zeug gelegt: Laurenz Pfeiffer hat mit der Sache absolut nichts zu tun!

Und jetzt das große Verlegenheitsschweigen. Die Gesichter der anderen verrieten Schuldgefühle. Offene Worte wurden nicht geredet, es gab keine Entschuldigungen, man gab sich Mühe Laurenz aus dem Weg zu gehen. Bei den Lehrern war es anders. Sie demonstrierten übertriebene Zuwendung. Laurenz empfand es als peinlich.

In der kleinen Pause nach der dritten Stunde kam Donata in der Eingangshalle auf Laurenz zu. Fast scheu begrüßten sie sich. Natürlich kicherten ein paar Gaffer.

Donata sagte: »Ich soll dir was von Kommissar Urban ausrichten.«

»Dann richte mal aus!«, krächzte Laurenz. Er hatte auf einmal einen Krümel im Hals. Die Unsicherheit, die er empfand, setzte ihm heftig zu. So nah waren sie sich noch vor Tagen gewesen und nun begegneten sie sich wie Fremde.

»Du sollst aufhören James Bond zu spielen. Keine Ahnung, was er damit meint. Wie geht's dir denn so?«

»Och, geht so«, murmelte Laurenz. »Die verdammte Scheiße mit Falada, also, kommst du da drüber weg – irgendwie?«

Donata strich sich die Haare über das Gesicht, als zöge sie einen Vorhang zu. »Nein. Wie sollte ich! Ich habe es noch nicht ganz begriffen, dass sie tot ist.«

»Ich wollte mit dir reden.«

»Weiß ich doch. Aber ich bin jetzt zu sehr durcheinander. Später mal, ja? Ich brauch erst einmal viel Zeit. Das verstehst du doch?«

Sicher, Laurenz verstand das. Trotzdem wurde ihm ganz kalt, als Donata kurz seinen Arm berührte und dann im allgemeinen Gedrängel verschwand. Er dachte: James Bond! Also haben sie mich beobachtet, als ich beim Tennisclub war. Die Bullen sind Heidenreuther auf der Spur. Das ist gut. Das ist sogar sehr gut.

Die Klingel zur vierten Stunde. Sozialkunde war angesagt. Die Bedeutung der Gewerkschaftsbewegung im Ruhrgebiet. Laurenz hatte zwar keine Lust, aber er beschloss am Unterricht teilzunehmen.

Pitsch Kopke befand sich in seinem Lieblingselement. Das war etwas anderes, als einen unbedeutenden kleinen Bericht über zwei Minderjährige zu schreiben, die beim Bahnhofskiosk die Scheibe eingeschmissen und sämtliche Schnaps- und Likörflachmänner geklaut hatten.

Die Vernetzung funktionierte viel unkomplizierter, als er sich das vorgestellt hatte. Beim BKA lagen keinerlei Daten vor, doch man verschaffte ihm Zugang zu den Datenspeichern der niederländischen und der Niederländisch sprechenden belgischen Interpolbehörde. Und nach einer satten Stunde stieß Pitsch Kopke auf die heiße Spur.

Weit mehr als zwanzig Jahre war der Fall alt, doch die Fahndung war noch offen, weil es zwischenzeitlich Hinweise auf den Gesuchten gegeben hatte. Falsche, wie der Computer vermeldete, aber offensichtlich hatte die belgische Polizei die Akten nicht endgültig geschlossen. Liège. Lüttich also. Hier war der Ausgangspunkt. Und der Name war Jos van Loewe. Industriemanager. Das Delikt war Waffenschiebung in den Vorderen Orient und in die westafrikanischen Küstenländer. Jos van Loewe hatte Raketenbausätze, Panzer, Haubitzen für Flach- und Steilfeuer und die zugehörige Munition als Gerätschaften für den Straßen- und Ackerbau deklariert und über die Schiene verschiedener Organisationen der Entwicklungshilfe verschiffen lassen. Als der kriminelle Schwindel aufflog, hatte er sich rechtzeitig nach Afrika absetzen können. Man wusste nicht in welches Land. Trotz intensiver Recherchen: Aufenthaltsort unbekannt.

»Heureka!«, brüllte Kopke, als er in Urbans Büro stürmte. »Ich hab ihn! Fingerabdrücke identifiziert. Jos van Loewe aus Lüttich. Über den Namen bin ich rangekommen.«

»Ntambu!« Urban kaute am Kugelschreiber und starrte zur Decke. »Und dass Hartwig Osthaus in Wirklichkeit Jos van Loewe ist, das weiß einer unserer Zeitgenossen also und setzt ihn unter Druck. Warum? Was will er?« Urban zielte mit dem Kugelschreiber auf Pitsch Kopke. »Manchmal bist du gar nicht so dumm, wie du aussiehst. Was würden wir ohne dich machen! Junge, wenn du an deinem Maschinchen rumfummelst, bist du tatsächlich ein Ass. Los, berichte mal! Was ist Sache?«

»Schmier mir bloß keinen Honig ums Maul«, brummte Pitsch Kopke, aber es gefiel ihm sehr, dass seine Fachkompetenz am Computer gewürdigt wurde. Also gab er wortreich seinen Bericht und erklärte auch alle Tricks, mit denen es ihm gelungen war, die Kompatibilität der verschiedenen Systeme zu nutzen, um mit Hilfe der Namensvariationen, der Papillarstrukturen der Fingerabdrücke und der verschiedenen Phantombilder die Identität des Mannes aufzudecken, der sich den Namen Hartwig Osthaus angeeignet hatte. »Jos van Loewe aus Lüttich. Deshalb der niederländische Zungenschlag, den er wohl nicht loswerden konnte. Geborener Flame. Wurde damals als Waffenschieber gesucht.« Kopke berichtete alles, was er von der Kriminalpolizei aus Lüttich via Brüssel erfahren hatte, und war sichtbar stolz auf seine Leistung.

Urban starrte auf die Wand, die fast vollständig von der Gebietskarte des Landkreises eingenommen wurde. »Der Waffenschmuggel dürfte ihm heutzutage wohl nicht mehr den Hals brechen, der ist verjährt. Aber es muss Gründe geben, dass er sich noch immer unter dem geklauten Namen versteckt. Oder hat er die neue Identität gänzlich übernommen? Was ist mit dem Mädchen? Was ist mit dem wirklichen Osthaus geschehen – und mit seiner Frau Ulla? Versteckt er sich vielleicht vor seiner ehemaligen Firma, unter deren Mantel er damals die Schiebereien gefummelt hat? Auf Privatrechnung sozusagen? Gibt es da noch Regressansprüche? – Wir müssen dranbleiben, aber ich sehe allerlei Licht am Ende des Tunnels.«

»Ach, siehst du?« Pitsch Kopke zog einen Schokoriegel aus der Jackentasche und mampfte wütend. »Wolltest du mir nicht heute mal den letzten Stand der Dinge verraten, Bwana?«

»Den hast *du* mir doch gerade verraten!« Urban hob beschwichtigend die Hände, als er sah, dass Kopke sich zu einem Protestschrei aufblähte. »Das ist immer noch eine Hypothese, aber ich sehe die Angelegenheit im ganz groben Muster ungefähr so: Tatsache ist, dass Donata Osthaus Cannabis pafft. Offenbar seit jüngster Zeit erst. Das ist wichtig! Sie verspricht sich wohl was davon bei der Suche nach der Erinnerung an ihre Mutter. Es spricht manches dafür, dass der Kunsterzieher, Silvan Heidenreuther, der sie so mächtig hochjubelt und sie so toll fördert, die Finger im Spiel hat. Das ist bloß eine Annahme! Jetzt müssen wir die Quelle für den Stoff finden. Marihuana, Haschisch was weiß ich! Welche Rolle Osthaus in diesem Spielchen hat, ist mir noch schleierhaft und ich arbeite dran. Irgendwie scheint er zurzeit der Spielverderber zu sein. Und das gefällt jemandem wohl ganz und gar nicht und er übt Druck aus auf Osthaus. Über seine Tochter. Das hast du alles kapiert, Pitsch?«

»Nein. Natürlich nicht. Aber müssen wir dann nicht mit der Drogenfahndung zusammenarbeiten?«

»Doch, das müssen wir. Du hast es also doch kapiert. Was machst du heute Abend?«

»Judotraining.«

Urban grinste schadenfroh. »Glaube ich nicht. Ich schätze, heute Abend bist du bei mir im Wohnwagen zu Gast. So eine Art Bereitschaftsdienst. Mein Instinkt hat mir geflüstert, dass wir jetzt hellwach sein müssen. Da bahnt sich was an.«

Pitsch Kopke schrie wie ein Stier: »Hast du 'n Rad ab? Zehntausend Überstunden stehen auf meinem Habenkonto. Zehntausend. Und jetzt kommst du mir mit solchem Piss? Warum bin ich Idiot zur Polente gegangen?«

»Das ist eine sehr kluge Frage«, entgegnete Urban trocken, »aber das Sklavenschicksal ist nun mal eines der härtesten.« Er drückte auf die Ruftaste und bat Sarah Kosidowski in sein Dienstzimmer.

Die Fahnderin berichtete zuerst einmal, dass mit Donatas Schulweg alles gut gelaufen war. Keinerlei Auffälligkeiten. Ihr Vater hatte sie in seinem Geländewagen zum Humboldt-Gymnasium gefahren. Dass ein Streifenwagen der Polizei seinem Frontera gefolgt war, hatte ihm nicht besonders gefallen. Den Beamten hatte er aber versichert, entweder er selber oder ein zuverlässiger Mann aus seiner Firma werde Donata wieder nach Hause bringen.

»Ein Zivilfahnder soll trotzdem an ihr dranbleiben. Ich will kein Risiko.« Urban zündete ein Zigarillo an und versuchte Rauchkringel zu blasen, es gelang ihm aber nicht. »Und der Junge, Laurenz Pfeiffer, der muss auch beschattet werden. Ich hab ihn in Verdacht, dass er mehr weiß, als er uns erzählt hat. Das könnte für ihn nicht ungefährlich sein. Und dann haben wir da noch diesen Typen Heidenreuther ...«

Da kreischte die Fahnderin gellend. »Drei Leute? Bei unserem Personalmangel? Big Boss beißt mir die Nase ab, wenn ich ihm das verklickere!«

»Ich kauf Ihnen 'ne neue Nase«, tröstete Urban. »Und machen Sie für den frühen Nachmittag einen Besprechungstermin mit den Spürhunden vom Drogendezernat aus, ja? So für halb drei etwa. Pitsch, du musst auch dabei sein.«

»Und mein Bericht für die Staatsanwaltschaft?«

»Muss immer noch ein bisschen verschoben werden.« Urban schaffte endlich einen Rauchkringel. »Und das kleine Mäuschen von deinem Wundermaschinchen kriegt jetzt ein paar Zuckerstückchen extra ...«

»Es frisst keinen Zucker«, schnaubte Kopke, »es frisst ausschließlich Käse!«

»Auch gut«, sagt Urban ungerührt. »Mit Käse kennst du dich ja aus. Wo befindet sich das Schiff von Hartwig Osthaus zurzeit? Was ist mit der Ladung? Wann wird es wo sein? – Schau, Junge, mit derart simplen Fragen darfst du dich nun beschäftigen.«

»Und ich?«, fragte Sarah Kosidowski. »Kann ich wieder verduften? Ich hab nämlich noch andere Sachen am Hut.«

»Aber arrangieren Sie das mit der Fahndung ganz sorgfältig! Später brauche ich dann wahrscheinlich noch jemanden, der sich an Osthaus ranhängt.«

»Ich werde wahnsinnig!«, stöhnte die Fahnderin, als sie Urbans Büro verließ. »Vielleicht frag ich mal meine Oma, ob sie bei uns als Miss Marple mitmachen will.«

»Und du?«, wollte Pitsch Kopke wissen. »Was machst du?«

Urban stand auf und griff nach seiner Jacke. »Was macht der feine Mensch denn wohl zu dieser Tageszeit? Er geht zum Tennis. Falls was ist: Ich hab das Handy bei mir.«

Feuchter Wind wehte in Wellen über den Parkplatz vor der Tennisanlage. Nur vier Fahrzeuge waren auf dem Parkplatz abgestellt, alle mit den Kennzeichen des Kreises. Urban konnte erkennen, dass in einer der Hallen gespielt wurde. An der offenen Tür des Clubhauses stand ein schwergewichtiger Mann im Arbeitsdress, der hatte einen Besen geschultert. Urban kannte den Mann, er wurde in der Szene Walross genannt und hatte aus Mangel an Geschicklichkeit seine Autoknackerkarriere früh beendet. Zwangsweise allerdings, denn er war im Knast gelandet.

»Ach nee, so sieht man sich wieder.« Urban tat so, als wollte er dem feisten Mann gegen den dicken Bauch boxen. »Pankock, alter Knabe! Seit wann sind Sie denn draußen?«

»Seit vier Jahren schon!« Er legte den Finger an die Lippen. »Heh, leise, Mann! Muss doch nicht jeder wissen, dass ich mal … Ich hab jetzt 'ne blütenweiße Weste, dass das mal klar ist. Komische Autos hat die Polente neuerdings.« Er zeigte mit dem Besen auf das Wohnmobil.

»Sparmaßnahmen«, sagte Urban. »Alle Polizisten wohnen jetzt auch in so Dingern. Dienstfahrzeug und Wohnung in einem. Weil wir so hundsmiserabel bezahlt werden. Was machen Sie denn hier beim Tennisclub?«

»Was schon!« Pankock streckte sich wie ein Soldat beim Strammstehen. »Ich mach hier den Hausmeister und so. Aufpasser auch. So weit draußen am Stadtrand, also, da treiben sich manchmal so halbseidene Gestalten rum. Auch besoffene Chaoten. Ich sorg für Ordnung. Gerafft? Noch gestern, da wollte so 'n Spanner in die Clubräume reinpeilen. Dachte wohl, dass es nackte Weiber zu beäugen gibt. Gibt's hier aber nicht.«

»Völlig klar«, sagte Urban. »Hier wird Tennis gespielt und sonst nichts. Wo finde ich denn den Herrn Besitzer dieser schönen Anlage?«

»James Grenda? Der müsste in seinem Büro sein.« Und dann, mit erhobenem Besen: »Folgen Sie mir unauffällig, Herr Kommissar!« Pankock lachte dröhnend, er fand das wohl witzig.

James Grenda war in der Tat in seinem Büro. Walross Pankock zog sich geradezu schüchtern zurück, nachdem er geklopft hatte. Urban trat nach dem Herein-Ruf in das modisch und funktionell eingerichtete Räumchen, sagte seinen Namen, wies sich aus und wusste sofort, dass er an einen Selbstdarsteller geraten war. Grenda trug einen grünen Blazer mit gekreuzten Tennisschlägern oberhalb des gelben Einstecktuches, hatte das schüttere schwarze Haar, das eindeutig gefärbt war, sorgfältig über den Kopf verteilt und gab sich, als er vom Schreibtisch aufsprang, betont sportlich-dynamisch. Urban schätzte das Alter des Mannes auf Mitte fünfzig.

»Ja, ich gestehe alle Morde, legen Sie mir die Handschellen an, Herr Kommissar, und verständigen Sie meinen Anwalt!« Grenda kreuzte die Handgelenke und verdrehte die Augen.

Tünnes!, dachte Urban. »Haben Sie einen Moment Zeit?«

Grenda setzte sich wieder und wies auf den Besuchersessel. »Please, take place! Für die Polizei hab ich immer Zeit. Was führt Sie zu mir? Ich dachte schon, Sie kämen vom Finanzamt. Ha-ha-ha-ha! Einen Drink?«

»Danke, nein«, sagte Urban. Mit einem raschen Rundblick erfasste er die gerahmten Fotos, die das Büro dekorierten. Sie zeigten alle Herrn James Grenda in sportiven Positionen. Grenda mit Sturzhelm beim rasanten Tiefschneeslalom, Grenda hoch zu Ross beim Polo, Grenda auf dem Tennisplatz beim mächtigen Aufschlag, Grenda als Großwildjäger in seltsam militärischem Outfit mit Donnerbüchse im Arm und mit dem Fuß auf einem erlegten Kaffernbüffel, Grenda beim Hechtsprung ins Schwimmbad, Grenda in heißem Höschen auf dem Rennrad, Grenda unter einer gewaltigen Wasserwoge beim Surfen, Grenda in nordischer Landschaft beim Skilanglauf … Besonders dieses Bild prägte Urban sich ein. Langläufer Grenda trug eine schwarze Wollmütze mit einer Bommel obendrauf. »Ich habe nur ein paar Fragen. Wir ermitteln in dem Fall Donata Osthaus. Vermutlich haben Sie davon gehört. Wir fahnden nach dem Pferdeschlitzer.«

»Schreckliche Angelegenheit!« James Grenda fuchtelte mit geballten Fäusten in der Luft herum. »Ist ja das allgemeine Gesprächsthema. So was in unserer friedlichen Gegend! Das ist es vor allem, was mich beunruhigt. Bisher sind wir hier im Kreis von diesen Untaten eines Irren verschont geblieben. Weiter nördlich gab's ja schon mehrere Fälle. Sind die eigentlich aufgeklärt worden?«

Urban ging nicht auf die Frage ein. »Meinen Sie, dass es ein Irrer war?«

»Was denn sonst? So etwas, also, so etwas tut doch bloß ein Irrer! Sexuell pervertiert. Da kann es doch gar keinen Zweifel dran geben.«

Urban sagte: »Sie hat ihr Pferd sehr geliebt. Schlimm für das Mädchen.«

»Ja, ganz schlimm.«

»Und dass man dann noch auf ihr Auto geschossen hat.«

»Unfassbar!« James Grenda stieß einen Pfeifton aus, der sollte wohl Ekel ausdrücken. »Armes Mädchen! Ich hab's heute Morgen in der Zeitung gelesen. Das beweist doch, dass es sich um einen Irren handelt. Hat die Polizei denn inzwischen eine heiße Spur?«

Auch auf diese Frage ging Urban nicht ein. »Sie kennen Donata Osthaus?«

»Sicher doch! Sie ist ja Mitglied hier im Club. Aber warum kommen Sie zu mir ...« Grenda brach den Satz ab und schaute den Kommissar fragend an.

»Kennen Sie auch Hartwig Osthaus – ihren Vater?«

»Den Abbruchunternehmer? Kennen? Das wär zu viel gesagt. Ich will's mal so nennen: Man hat als Auftraggeber 'ne gewisse Beziehung zu einem Firmenboss. Ergibt sich so. *Smalltalk* neben dem Geschäftlichen, mehr ist das nicht. Osthaus hat damals für mich die Erdarbeiten erledigt, als diese Tennisanlage entstand. Ausschachtungen, Packlage, Dränage, Planierung. – Was hat das mit dem abgemurksten Zossen zu tun?«

Urban sagte: »Ich bin nicht gekommen, um mit Ihnen über das tote Pferd zu sprechen, Herr Grenda. Mich interessiert Donatas Umgang hier im Club. Mal abgesehen vom Tennisspielen. Da trifft sich doch dienstags immer so ein Kreis von Leutchen zu Yogaübungen und meditativen Ritualen hier im Haus. Was für Leute sind das?«

Grenda brach in Spottgelächter aus. »Gottchen, die Spinner meinen Sie? Alles ganz harmloser Quark. *Sensitivity* nennen die den Zauber. Oder so ähnlich. Inneres Gleichgewicht wollen die kriegen. Ich kenn mich da nicht so aus. Aber ich hab mal an der Tür gelauscht. Wie gesagt, erst mal ganz normale Yogaklamotten. Entspannung und so, Konzentration, Versenkung in irgendwas. Dann liest einer was vor oder hält 'ne Art Predigt. Der Heidenreuther meist. Der ist Kunstlehrer am Gymnasium, der hat auch die Donata Osthaus in diesen Kreis eingeführt. Ich konnte ja schlecht Nein sagen, als die mich nach 'nem Raum hier im Clubhaus fragten. Sind immerhin alles aktive Mitglieder im Tennisverein.«

Urban wiederholte seine Frage. »Was für Leute sind das?«

Grenda dachte kurz nach und nannte Namen, die Urban aber nichts sagten. Eine Zahnärztin machte mit, eine Anlagenberaterin, zwei Lehrerinnen, ein Physiotherapeut ...

»Könnte es sein«, fragte Urban, »dass bei diesen Treffen auch Drogen konsumiert werden? Hasch, LSD, Marihuana. Was halt so zur Veränderung des Icherlebens führt.«

James Grenda spielte die Rolle des Entrüsteten annähernd perfekt. »Guter Mann! Ich und was von Drogen hören und die rauswerfen, das wäre doch wohl eins! Nee, schminken Sie sich den Unsinn mal schnell von der Backe ab! Das sind alles ganz wohlanständige Mitbürger. Bisschen eingebildet und versponnen, okay. Aber irgendwelche Drogen? Die doch nicht! Da bin ich mir hundertprozentig sicher.«

Wieder einer, der angeblich keine Zweifel hat, dachte Urban warum werde ich eigentlich immer von Zweifeln geplagt? »Hat es mal Streit gegeben bei diesen Yogaleutchen?«

»Streit?« Grenda fasste sich an den Kopf. »Bei denen doch nicht. Die machen doch geradezu in Friede, Freude, Eierkuchen und Freundschaft mit der ganzen Welt. Verehrter Herr Kommissar, Sie kommen auf Ideen! Absurd. Falls Sie da irgendeinen Verdacht haben, also, da kann ich nur sagen: Nehmen Sie mal Urlaub.« Er lachte wieder über seine Witzigkeit.

»Das wär's dann«, sagte Urban.

»Prima! Da können Sie mich doch mitnehmen in die Innenstadt. Ich bin mit meiner derzeitigen Lebensabschnittsbegleiterin zum Mittagessen verabredet.« Grenda zwinkerte dem Kommissar zu, als wollte er signalisieren: Wir Männer verstehen uns doch. »Und mein Wagen ... Seit fast einer Woche schon in der Werkstatt. Das Ersatzteil muss aus England eingeflogen werden. Ich leiste mir den kleinen Luxus und fahre einen Rolls-Royce. Man gönnt sich ja sonst nichts. Ha-ha-ha!« Er flüsterte: »Silver Cloud. Den Motor hören Sie nicht, so leise läuft die Maschine. Das lauteste Geräusch ist das Ticken der Uhr.«

»Klar, ich nehme Sie gern mit.« Urban fühlte sich beinahe beleidigt von der Tatsache, dass dieser Mann ihn anscheinend für ausgesprochen dämlich hielt. Das flüsternde Auto, dessen Motor man nicht hörte und das außerdem seit Tagen in der Werkstatt stand! Das war schon mehr als Überheblichkeit.

Grenda nahm einen dunkelbraunen Ledermantel aus dem Wandschrank, dann rief er durch den Türspalt einer Angestellten im Nebenzimmer allerlei Anweisungen zu. Urban ging voraus. Als er ins Wohnmobil stieg, sah er für einen Augenblick Walross Pankocks massige Gestalt im Rückspiegel. Dann kam James Grenda geeilt und machte ein paar Witzchen über das eigenartige Polizeifahrzeug. Das hatte Urban nicht anders erwartet.

»Wohnen Sie eigentlich selber hier auf dem Tennisgelände?«, fragte Urban, als er den Motor angelassen hatte.

Ja, er habe sein Apartment in der oberen Etage, sagte Grenda, das sei praktisch, weil der Spielbetrieb erst nach dem allgemeinen Feierabend so richtig losgehe und weil ja auch das Clubheim mit der Kneipe noch spät frequentiert werde. Am Beginn der Fußgängerzone ließ er sich absetzen. Urban schaute ihm nach, bis er in der Modeboutique *La Fleure* verschwunden war.

Urban zog das Handy aus der Jackentasche und wählte Pitsch Kopkes Nummer. »Ohne Rücksicht auf Sarah Kosidowskis Nase: Jemand muss sofort in die Fußgängerzone kommen. James Grenda will angeblich mit seiner Freundin zum Essen gehen. Er ist jetzt bei ihr in der Modeboutique. Wenn die beiden rauskommen, müssen sie beschattet werden. Der Tennisclubfritze trägt einen auffallend eleganten Ledermantel. Nicht zu übersehen. Hast du über das Schiff von Osthaus was rausgekriegt?«

»Hab ich, Bwana. Es liegt in Höhe Meppen vor Anker. Maschinenschaden. Jedenfalls wird das behauptet. Ich kann dir übrigens 'ne Überraschung verraten.«

»Dann verrate mal schnell!«

»Die Kollegen vom Rauschgiftdezernat haben den Tennisclub schon seit einiger Zeit im Visier. Man weiß, dass da im großen Stil gedealt wird. Aber das erfährst du ja nachher bei der Besprechung. Der Besitzer, der Grenda, der ist auch noch an 'nem Schweinemastbetrieb in einer Bauernschaft beteiligt.«

»Diversifikation.« Urban musste unwillkürlich grinsen. Jetzt haben wir das fehlende Zwischenglied!, dachte er.

»Aber Schweine kiffen ja nicht«, sagte Pitsch Kopke.

»Genau das ist der springende Punkt!«

»Wieso versteh ich das wohl nicht?«

»Weil du nur bis drei zählen kannst und nicht bis vier«, antwortete Urban. »James Grenda hat übrigens in der Zeitung gelesen, dass auf Donatas Auto geschossen worden ist.«

»Wie denn das? Stand doch überhaupt nicht in der Zeitung. Der Name, meine ich. Dass auf ein Auto geballert wurde, steht da doch bloß. Da ist doch gar kein Name erwähnt!«

»Kluges Kerlchen! Manchmal hab ich den Verdacht, dass du doch bis vier zählen kannst. Und jetzt schick mal rasch jemanden raus zu dem Modelädchen! Ende.« Urban schaltete das Handy aus.

Er dachte: James Grenda ist mir voll in die Falle gegangen.

Urban zeigt die Zähne

Wie sollte er da cool bleiben? Laurenz schaute aus der Ferne zu. An der langen Haltebucht für die Schulbusse standen Donata und Silvan Heidenreuther. Natürlich war Laurenz nicht der Einzige, der die Szene beobachtete. Die üblichen Grinser machten auch lange Augen.

Der große Künstler und seine Meisterschülerin!, dachte Laurenz und spürte die alte Unruhe. Und wenn sie doch etwas mit ihm hatte? Wenn sie doch mit ihm schlief? Laurenz wusste nicht genau, wo dieser Schmerz saß, der ihn quälte. Wieder dachte er: So eine Freundschaft kann doch nicht einfach verplätschern. Er sah, dass Heidenreuther die Hand auf Donatas Schulter gelegt hatte und redete und redete und redete. Wieso bequatscht er sie so eindringlich?, dachte Laurenz.

Fein gestylt, der Herr Kunstlehrer. Baskenmütze kess auf dem wallenden Langhaar, lässig flatternder Trenchcoat, mal wieder ganz der interessante Schönling, der reife Frauentyp. Laurenz empfand Mordgelüste.

Donata in Schwarz. War das die Trauerkleidung wegen Faladas Tod? Oder stellten die schwarze Samthose und der schwarze Poncho den Kontrast dar zu Heidenreuthers hellem Outfit? Partnerlook der besonderen Art? Laurenz dachte voll Zorn: Ich bin ja bloß so ein Feld-Wald-und-Wiesen-Heini, nix zum Vorzeigen. Vielleicht hat Donata mir deshalb die Ledermütze geschenkt, weil ich so eine graue Maus bin. Laurenz suhlte sich geradezu in seinem Selbstmitleid.

Dann kam Donatas Vater in seinem Geländewagen angebraust. Er grüßte den Kunsterzieher mit einer kargen Handgeste und öffnete für Donata die rechte Seitentür. Donata stieg schnell ein. Laurenz sah, dass ein beigefarbener Audi dem Frontera folgte. War das der Polizeischutz für Donata? Wenn ich bei ihr sein könnte!, wünschte Laurenz sich und presste die Schultasche an sich. Ich würde sie schon beschützen!

Als er zu Hause ankam, ging er zuerst in den Keller, wo die Dartscheibe an der Wand hing. Alle Wut legte er in seine Würfe, doch er gab sich Mühe das Zentrum nicht zu treffen. Einen Ring wollte er mit den Pfeilen auf der Scheibe werfen. Einen Hexenring.

Sie trafen sich im Konferenzraum. Die Frau und die zwei Männer der Sonderkommission für Vorbeugung und Drogenbekämpfung hatten eine Thermoskanne mit Kaffee mitgebracht. In diesem Zimmer durfte nicht geraucht werden.

Kommissar Masthoff gab einen knappen Bericht über den Stand der Ermittlungen. Das Areal des Tennisvereins, das hatten die Recherchen der Fahnder ergeben, war Umschlagplatz für Cannabis und andere Halluzinogene, auch mit Gipsy und Ecstasy wurde gehandelt. James Grenda und einige seiner Angestellten hatten offenbar ein regionales Zwischenhandelsimperium aufgebaut, bei dem die Kleindealer der Umgebung einkauften. Unklar war aber noch, wie der Stoff zu Grenda geschafft wurde.

»Wir hätten längst zugeschlagen«, sagte Masthoff, »aber wir wollen um jeden Preis die Hintermänner entlarven. Auf welchen Wegen wird das Zeug hierher geschafft? Da stehen wir noch auf dem Schlauch. Wir müssen den gesamten Händlerring auf einen Schlag fassen, sonst bringt unsere Aktion nur die halbe Miete. Zum Glück ist es uns ja gelungen, einen V-Mann bei den Tennisfuzzies einzuschleusen.«

»Walross Pankock etwa?« Urban konnte es kaum glauben. »Da wird doch der Hund in der Pfanne verrückt!«

»Ja, Pankock.« Kriminalmeisterin Leggewich nickte lächelnd. »Ich weiß, das ist komisch. Aber aus manchem Saulus ist schon ein Paulus geworden. Pankock arbeitet schon länger für uns und er macht seinen Job verdammt gut, weil er immer unterschätzt wird.«

Ich habe ihn auch falsch eingeschätzt, dachte Urban, man sollte sich seiner Sache eben nie sicher sein. Voltaire hatte Recht. »Unser Fall ist auch euer Fall«, sagte er zu Masthoff. »Und wie ich den Stand der Dinge beurteile, ist der Schweinemastbetrieb, an dem Grenda beteiligt ist, sozusagen das Zwischenlager.« Er schielte zu Pitsch Kopke hinüber. »Schweine kiffen zwar nicht, aber zusammen mit dem importierten Extrafutter für die lieben Tierchen kann man auch prima allerlei anderen Stoff importieren, vor allem, wenn das durch eine angesehene Firma geschieht.«

Masthoff schlug sich auf die Schenkel. »Scheiße! Die Schweineställe haben wir völlig außer Acht gelassen. Wir haben gedacht, das wär nur so 'ne kleine Investition von James Grenda, um ein paar Steuergroschen zu sparen.«

»Diversifikation«, sagte Urban. »Das habe ich von Hartwig Osthaus gelernt.«

»Osthaus? Dem das Abbruchunternehmen gehört?« Masthoff kniff die Augen zusammen. »Hängt der etwa mit drin? Das würde einiges erklären.«

Urban sagte: »Er hat ein Schiff auf dem Dortmund-Ems-Kanal, damit wird Tierfutter aus Holland transportiert. Aber der Kahn hängt zurzeit fest, irgendwo bei Meppen. Und das scheint Herrn Grenda gar nicht zu gefallen. Kann es sein, dass er dadurch Probleme mit seinen Klein- und Großabnehmern bekommt? Gestern herrschte bei den Tennishallen offenbar große Nervosität.«

»Kann man wohl sagen«, bestätigte Masthoff. »An sich ist das Tennisunternehmen der optimale Umschlagplatz für Grendas Geschäft. Das ständige Kommen und Gehen. Wenn sich der Verdacht mit Osthaus als Treffer erweist, könnten wir ja zum Rundumschlag ausholen. Zur holländischen Kripo haben wir sozusagen einen heißen Draht.«

»Auf jeden Fall sollte man schon mal einen Durchsuchungsbeschluss beim Richter beantragen«, meinte Pitsch Kopke, zog einen Klumpen irgendeiner undefinierbaren süßen Masse aus der Jackentasche und begann zu kauen. Dann spülte er mit Kaffee nach.

Urban mahnte zur Vorsicht. »Unser Kollege Kopke hat in seiner unnachahmlichen PC-Fertigkeit herausgekitzelt, dass Hartwig Osthaus unter falscher Identität lebt und eigentlich Jos van Loewe heißt. War mal Waffenschieber. Das ist eine Interpolinformation aus Belgien. Wir müssen noch herausfinden, wie der Kontakt zu Grenda zustande gekommen ist, wieso da jetzt eine Fehde zwischen den beiden die Zusammenarbeit ins Wackeln gebracht hat und was der Grund dafür ist, dass James Grenda den Osthaus erpressen kann. Irgendwas ist damals in Afrika passiert.«

Kopke war ein wenig rot geworden. Urbans Lob tat ihm sichtbar gut. »Es spricht jedenfalls 'ne Masse dafür, dass Grenda das Pferd getötet hat und auch auf Donatas Auto ballerte. Wir haben eine Wollfaser sichergestellt.«

»Und ich hab möglicherweise auf einem Foto die Mütze gesehen, von der diese Faser stammt. Grenda benimmt sich ausgesprochen idiotisch. So was von Überheblichkeit!«

Ein junger Beamter kam mit viel Eifer im Gesicht in den Konferenzraum und meldete, Grenda habe die Modeboutique bisher nicht verlassen und führe unentwegt Telefongespräche. Von der Kraftfahrzeugmeldestelle habe man die Bestätigung erhalten, dass Grenda tatsächlich einen Silver Cloud fahre, dass auf seinen Namen aber auch noch ein Porsche zugelassen sei, der meist von Thérèse Beeker benutzt werde, was allerlei Strafzettel belegten. Er wusste noch etwas: »Hartwig Osthaus besitzt ein Sportflugzeug. Eine Beechcraft. Der Flieger steht auf dem kleinen Flugplatz bei Badwick.«

»Gute Arbeit!«, sagte Urban. »Sieht so aus, als sei Grenda auf der Suche nach neuen Quellen. Er muss ja irgendwie liefern.«

»Oder er gibt sich Mühe die Kundschaft zu vertrösten«, meinte Masthoff.

»Heidenreuther. Silvan Heidenreuther. Sagt euch der Name was?« Urban goss sich Kaffee ein.

Kriminalmeisterin Leggewich wusste etwas. »Wir haben ihn auf der Liste der Personen, die über die Tennisklopperei hinaus regelmäßig die Anlage besuchen, aber eine wichtige Nummer ist er nach unserem Kenntnisstand nicht. Allenfalls ein kleiner User.«

»Wie auch immer.« Urban stand auf. »Den kleinen User, falls er einer ist, werde ich mir gleich mal zur Brust nehmen. Wir treffen uns morgen zur Frühbesprechung. Okay? Über Sarah Kosidowski bleiben wir in ständiger Verbindung. Und alle betreffenden Personen werden weiter observiert.«

Urban ging zu Fuß zum Nelkenweg. Es war nicht sehr weit, außerdem brauchte er dringend ein wenig Bewegung. Das Klinkerhäuschen in der stillen Seitenstraße wirkte schmucklos bis auf das Keramikrelief unter der Hausnummer, das eine Palette zeigte und plakativ den Namen *Heidenreuther* verkündete. Der Kunstlehrer öffnete die Tür schon, bevor Urban geklingelt hatte. Er trug einen halblangen Russenkittel mit blauen marmorierten Batikstrukturen über der braunen Kordhose.

»Kommissar Urban?« Heidenreuther trat zur Seite. »Kommen Sie herein! Aber ich habe Ihrer Mitarbeiterin, die Ihren Besuch avisierte, schon gesagt, dass mir zu dieser schrecklichen Tat absolut nichts einfällt. Ab-so-lut nichts!«

»Das wird sich zeigten. Jedenfalls schön, dass Sie Zeit für ein kleines Gespräch haben.«

Zwei Stufen führten von der winzigen Diele abwärts in den großen Wohnraum. Niedrige, ausladende Sessel mit Segeltuchbespannung um den runden Glastisch. Ein schmales Bücherbord, das bis zur Decke reichte. Eine bemalte Bauerntruhe. Dicke helle Wollteppiche auf dem Parkett. Zu viele Bilder, dachte Urban, zu aufwendig gerahmt, als müsste der Wert künstlich erhöht werden. Und auch die Signaturen erschienen Urban zu bombastisch im Verhältnis zu den eher filigranen Gemälden. Öl- und Gouachebilder, alle von Heidenreuther, postkubistisch, Landschaften und schlanke Gebäudeformen nur andeutend, ein bisschen surreal, ein bisschen spielend mit rein geometrischen Elementen. Urban fühlte sich an Arbeiten von Lionel Feininger erinnert. Ihm fiel das Wort *nett* ein. Mit solchen Bildern konnte man die Vorzimmer von Bankdirektoren und höheren Verwaltungsbeamten schmücken, sie stellten auch gewiss passende Geschenke für verdiente Politiker zum runden Geburtstag dar. Urban fühlte sich nicht besonders berührt von Heidenreuthers Kunst, er empfand sie als Zimmerdekoration.

Anscheinend hatte Silvan Heidenreuther gespürt, dass der Kommissar von seinen Malereien nicht sonderlich beeindruckt war. »Donata malt stärkere Bilder, ich weiß. Sie haben ja ein paar von ihren Arbeiten gesehen, wie sie mir erzählte. Wenn ich ihre Begabung hätte, wäre ich nicht Kunstpauker an der Schule geworden, dann würde ich mich nicht mit den lächerlichen Tuschereien desinteressierter Kids herumquälen, dann wär ich eine große Nummer in der Kunstszene und hätte Ausstellungen in den renommiertesten Museen.« Er lachte unfroh auf. »Die Talente sind ungerecht verteilt! Bitte, nehmen Sie Platz!«

Urban wählte den Sessel, von dem aus er durch die Fensterwand in den kleinen Garten schauen konnte. Eine schlanke Frau kam auf bloßen Füßen leise ins Wohnzimmer gehuscht. Unwillkürlich wurde Urban an alte Fotos aus dem Künstlerdorf Worpswede erinnert, auf denen solche Frauen zu sehen waren: knöchellanges gewebtes Kleid, das Haar zum Knoten geschlungen, Silberdrahtreifen an den Armen, Dreifachkette aus bunten Holzperlen um den Hals. Die freundlich lächelnde Frau sagte, dass sie Frau Heidenreuther sei und dass sie gern einen Tee anbieten möchte, aber Urban lehnte dankend ab. Er fürchtete, dass er in diesem Haushalt wieder mit Lavendeltee bedroht würde oder mit Jasmintee, Lotosblütentee oder sonst etwas Schlimmem. Die Frau verschwand so leise, wie sie gekommen war, und ließ süßlichen Duft zurück. Urban schnupperte.

Heidenreuther bemerkte das. Er strich sich die Haarwellen im Nacken zurecht, als er sich ebenfalls setzte. »Wir mögen in diesem Haus den Geruch von Räucherstäbchen. Im Fühlen und Denken sind wir ein bisschen ostasiatisch ausgerichtet. Ich höre beim

Malen zum Beispiel stets fernöstliche Musik. Das exotische Zirpen der Saiteninstrumente inspiriert mich.« Er wechselte abrupt das Thema. »Sie wollen mit mir über Donata Osthaus sprechen. Ich habe einen gewissen Einfluss auf sie, aber das betrifft ausschließlich ihre künstlerische Entwicklung. Ich bestärke sie in ihrer Eigenständigkeit, mache ihr Mut, kritisiere sie natürlich auch. Sehen Sie in mir so etwas wie ihren Berater. Aller Unsinn, der so in der Schülerschaft getuschelt wird, ist wirklich nur Unsinn. Verstehen Sie, was ich damit sagen will?«

Urban nickte nur.

Silvan Heidenreuther redete weiter. »Diese entsetzliche Untat an ihrem geliebten Pferd ... Also, ich habe in der Schule versucht auf sie einzuwirken, sie zu beruhigen. Dass das ein grausamer Zufall war, dass nicht sie gemeint war, dass so etwas jeden treffen kann. Ein blindwütiger Triebtäter. Ob ich sie wenigstens ein bisschen beruhigen konnte, weiß ich allerdings nicht. Sie ist außer sich. – Hoffentlich beeinträchtigt diese scheußliche Affäre nicht ihr Schaffen! Ich versichere Ihnen: Donata ist in ihrer Begabung einmalig. Sie ist, und da übertreibe ich nicht, sie ist genial.«

Urban wunderte sich sehr, dass der Mann sich so in Ekstase reden konnte. »Klar, sie ist begabt«, sagte er, »aber Sie sollten trotzdem auf dem Teppich bleiben. Ob sie ihren ganz unverwechselbaren Stil findet, ihre eigene Handschrift, das muss die Zukunft zeigen. Donata wird sich die schöne Unbekümmertheit des Anfängertums nicht auf Dauer bewahren können. Warten Sie's doch ab! Man sollte sie nicht zum Wunderkind hochjubeln. Und mit dem Wort *genial* sollte man nicht hausieren.«

Heidenreuther sprang vom Sessel auf, bohrte die Fäuste in die Hosentaschen und flüsterte geradezu beschwörend: »Das kann ich doch wohl besser beurteilen als Sie! Schauen Sie: Donata nimmt ein Blatt Papier und macht einen Strich drauf. Aber es ist gar kein Strich, es ist eine Linie. Andere Leute machen Striche. Bei ihr wird der Strich zu einer Linie, die sofort Spannung erzeugt, da entsteht gleich etwas Bildhaftes. Donata sucht nicht, sie findet!«

»Wird dieser Satz nicht Picasso zugeschrieben?«, fragte Urban mit leichtem Spott. »Er hat von sich behauptet, dass er in seiner Malerei nicht suche, sondern finde.«

Der Kunsterzieher guckte den Kommissar verblüfft und strafend zugleich an, als wollte er erklären: Solch einen Satz darf doch ein popeliger Polizist gar nicht kennen! »Haben Sie das Bild gesehen, an dem sie gerade arbeitet? Hexenring! Unglaublich intensiver Ausdruck! Sie versucht seit einiger Zeit verzweifelt die Erinnerung an ihre tote Mutter zu finden. Sie quält sich mit dieser undeutlichen Vorstellung in ihrem Unterbewusstsein. Und was tut sie? Sie malt. Sie malt Gesichter, die den magischen Hexenring bilden mit jener Leere in der Mitte, in der sie nach dem verschwundenen Bildnis ihrer Mutter forscht. Sie verwischt die Gesichter im Kreis, macht sie unkenntlich, löscht sie aus, weil es die falschen Gesichter sind. Ich bin mir sicher, dass sie das richtige Gesicht finden wird!«

Er ist sich sicher, dachte Urban, er ist sich sicher! »Und Sie helfen Donata ihr Bewusstsein zu erweitern?«

Heidenreuther setzte sich zögernd wieder hin. »Wie meinen Sie das, Herr Urban?« Argwohn in der Stimme. Unsicherheit plötzlich. »Worauf spielen Sie an?«

Urban wollte endlich zur Sache kommen. »Ich spiele nicht an, ich frage. Haben Sie Donata in ihren Meditationsclub gelockt? Oder war es ihr eigener Wunsch an diesen Treffen teilzunehmen? Haben Sie Donata beeinflusst?«

»Gelockt? Sagten Sie: gelockt?« Heidenreuther bewegte den

Kopf so heftig, dass die Langhaarfrisur durcheinander geriet. »Ich bin empört über Ihre Wortwahl! Ich habe sie freundlich zu unserem Mentaltraining eingeladen, weil ich nach wie vor überzeugt bin, dass es gut für sie ist, dass es ihr hilft. Ja, ja, in gewissem Sinne habe ich sie beeinflusst. Konzentration, Meditation, Kontemplation – sich versenken in sich selbst. Wir beschäftigen uns gezielt mit der fernöstlichen Spiritualität und versuchen ...«

Urban unterbrach ihn. »Donata hat es mir erzählt. Ich will es auch nicht genauer wissen, denn ich halte es mit der Vernunft und nicht mit einer fremden Spiritualität, was immer Sie darunter verstehen.« Er dachte: Da liest jemand ein Büchlein über Zenbuddhismus und reinigende Reinkarnation und spielt dann gleich den erleuchteten Großmeister. Die alte Leier: Sie wissen nichts, aber können alles erklären.

»Ich habe ihr die Werke von Hermann Hesse nahe gebracht!«

»Ach ja!«, sagte Urban. »Siddhartha. Am Flusse sitzen und weise sein. Fühlt Donata sich denn jetzt auch als Auserwählte?«

»Sparen Sie sich Ihren Spott! Gerade in diesen Zeiten des moralischen und geistigen Zerfalls, in denen überall die Banausen das Sagen haben, brauchen wir ja wohl wieder so etwas wie eine Elite. Was gefällt Ihnen daran nicht?«

»Das mit den Banausen«, erwiderte Urban, »das würde ich sofort unterschreiben, aber der Begriff *Elite* gefällt mir in diesem Zusammenhang nicht. In Deutschland hat das meistens mit Anmaßung zu tun. So lange ist es doch wohl noch nicht her, dass sich das ganze Volk zur Elite der Welt erklärt hat, oder? Und wenn ich heutzutage die gestiefelten Brötchenköpfe mit den Pickelgesichtern und den rasierten Schädeln sehe, die sich für Elite und die Menschen aus anderen Ländern für so eine Art Halbaffen halten ...«

Silvan Heidenreuther brüllte mit hochrotem Gesicht: »Wollen Sie uns etwa mit diesem faschistischen Pack in einen Topf schmeißen?«

»Nein«, sagte Urban, »will ich nicht. Ich wollte nur etwas zur Sprachregelung sagen. Und nun sind wir gewissermaßen am kritischen Punkt angelangt. Warum haben Sie Donata Osthaus zum Konsum von Shit gebracht?« Jetzt kommt es darauf an, dachte Urban und fixierte Heidenreuthers Blick. Wird er mir auf den Leim gehen?

Der Kunsterzieher ging ihm auf den Leim. »Wenn Donata das behauptet, also ... Ich will sagen ...« Er geriet ins Stammeln. »Wieso ich? Das war doch ... Das war doch ganz anders! Ihr eigener Wunsch ... Sie ist doch erwachsen!«

»Aber sie steht in einem besonderen Abhängigkeitsverhältnis zu Ihnen. Als Lehrer haben Sie so etwas wie eine Sorgepflicht.«

»Sie wollte das unbedingt ausprobieren!« Heidenreuther wusste nicht, was er mit seinen Händen tun sollte, und er kam trotz der Kühle im Raum ins Schwitzen. »Donata war der Ansicht, dass ihr eine leichte Marihuana-Dosis helfen würde zu entkrampfen, leichter zu werden im Kopf, vielleicht die Erinnerung zu finden. Die Mutter ... Das Bild der Mutter ...«

Urban fragte scharf: »Haben Sie ihr den Stoff besorgt? Sie hat die Kifferei doch bei Ihnen gesehen, ja?«

»Im Tennisclub, da wird doch damit gehandelt, ich meine, die Cannabis-Produkte ... Ich musste ihr doch nicht ... Heh, bin ich etwa verpflichtet Ihnen gegenüber private Dinge preiszugeben?«

»Wir können auch auf dem Präsidium weiterreden«, sagte Urban, »oder beim Rauschgiftdezernat.«

»Rauschgift! Da haben wir's!« Heidenreuthers Stimme wurde weinerlich. »Rauschgift ist was ganz anderes. Wir rauchen in unserem Zirkel dann und wann zur Einstimmung, sozusagen zur Erleichterung unserer Gedanken, wir lassen die Alltagsprobleme entschweben, wollen für eine Weile Vergessen suchen, um uns auf uns selbst zu konzentrieren und uns ...«

Urban unterbrach das hastige Gerede. »Ich verstehe schon. Mit den ordinären Kiffern und Koksschnupfern haben Sie und Ihre Elite überhaupt nichts zu schaffen. Sie sind ja die Freunde des Lichtes oder so, nicht wahr? Sie kiffen auf höherem Niveau, philosophisch abgesichert. Was bei anderen Bedröhnung ist, ist bei Ihnen Bewusstseinserweiterung. Darf ich mal ganz laut lachen?«

Der Kunstlehrer verteidigte sich mit Händen und Füßen, plötzlich hatte er wohl begriffen, dass es heiß für ihn wurde. »In der medizinischen Therapie wird Cannabis seit alter Zeit als Heilmittel eingesetzt! In asiatischen Ländern ... Die beruhigende Wirkung ...«

»Lassen Sie mal die Medizin aus dem Spiel!«, forderte Urban. »Oder wollen Sie mir weismachen, dass Sie und Ihre Auserwählten so eine Art Erste-Hilfe-Kurs veranstalten?«

Heidenreuther fuchtelte aufgeregt herum. »Haschisch, Marihuana, das sind doch keine Einstiegsdrogen, die irgendwie abhängig machen. Wir sind doch keine Junkies!«

»Quatschen Sie doch keine Operetten!«, sagte Urban schroff. »Erkundigen Sie sich mal bei der Drogenberatung! Die Leute dort können Ihnen ein trauriges Liedchen singen von den kaputten Typen, die mit einem angeblich harmlosen Zigarettchen angefangen haben und heute an der Nadel hängen.«

»Sie sehen das falsch.«

»Ich sehe das nicht falsch, ich sehe das realistisch. Gewisse Traumtänzer sehen das falsch. In meinem Beruf hat man fast täglich mit Heroinsüchtigen zu tun. Hören Sie also endlich auf, dummes Zeug zu reden! Mit Ihrer Erleuchtung scheint es nicht weit her zu sein, Sie sollten es mal mit dem Denken versuchen.«

»Ich verbitte mir Ihre Belehrungen«, sagte Heidenreuther matt. Er schielte zur Tür, wo vermutlich seine Frau lauschte.

»Geschenkt!« Urban klopfte mit dem Knöchel auf die Tischplatte. »Wann hat Donata mit dem Kiffen angefangen? Bitte, ich brauche eine präzise Antwort.«

Der Kunsterzieher hob die Schultern. »Vor zwei Wochen, schätze ich. Ungefähr so. Wieso ist das wichtig?«

Urban beantwortete die Frage nicht. »Ich habe gehört, dass es einen Streit zwischen Donata und ihrem Vater gegeben hat. Bei dem vertraulichen Verhältnis zu Ihnen wird sie ja wohl darüber gesprochen haben. Wann war das, wann haben die beiden sich gezofft?«

»Vorige Woche oder so.«

»Um was ging es bei dem Krach?«

Heidenreuther schluckte erst mehrmals, bevor er wieder sprechen konnte. Anscheinend war sein Mund trocken. »Herr Osthaus hatte wohl herausgefunden, dass Donata ... Na ja, dass sie gewisse Zigaretten rauchte.« Er schaute den Kommissar verquält an, als wollte er ihn zum Komplizen machen. »Sie können sich nicht vorstellen, wie ich ihr zugeredet habe. Nimm nichts mit nach Hause, hab ich zu ihr gesagt. Angefleht hab ich sie. Aber offensichtlich hat sie nicht auf mich gehört. – Aber ich hänge doch nicht in dieser Sache drin – irgendwie! Das mit dem Pferd, ich meine ...«

»Und wie Sie in der Sache drinhängen!«, sagte Urban hart. »Sie haben Donata an den Stoff gebracht. Direkt oder indirekt. Egal. Und damit haben Sie vermutlich so etwas wie eine Gewaltlawine losgetreten.«

Silvan Heidenreuther konnte das selbstverständlich nicht richtig verstehen, Urban hatte aber keine Lust es ihm zu erklären.

»Die ganze Angelegenheit ...« Heidenreuthers Stimme zitterte. »Irgendwie tut mir das Leid. Aber mich geht das alles doch überhaupt nichts an. Oder wollen Sie mir etwa einen Strick daraus drehen, dass ich ... Kann das unangenehm für mich werden? Beruflich, meine ich.«

Unangenehm!, dachte Urban. Immer die falschen Wörter! Er sagte: »Ich werde über den gesamten Fall einen Bericht machen müssen. Und diesen Bericht bekommen natürlich auch die Beamten des Drogendezernats und die Staatsanwaltschaft. Sie können also davon ausgehen, dass man Fragen an Sie haben wird. Und jetzt wünsche ich Ihnen einen angenehmen Tag.«

Urban ließ einen überaus verwirrten Kunsterzieher zurück.

Show-down

Die Abenddämmerung brach herein. Sie hatten das Wohnmobil versteckt zwischen Holunder- und Haselgebüsch in einer Schneise geparkt, die sonst nur von Forstfahrzeugen genutzt wurde. Der Uhlenhof lag in Sichtweite. Vom Haus war nur das Dach zu sehen, die hohe Mauer und das schwarze Tor wirkten um diese Tageszeit bedrohlich wie die Umfriedung einer Festungsanlage. Aus dem Innenbereich stieg kaltes Licht in das dunkle Dunstgefissel hoch.

Pitsch Kopke hatte ein Richtmikrofon aus dem Seitenfenster gehängt. Sie würden es früh hören können, wenn sich ein Fahrzeug dem Anwesen näherte oder wenn sich irgendetwas Ungewöhnliches in der Umgebung tat. Urban hatte es im Gefühl, dass eine Entscheidung bevorstand. Eine dritte Drohung würde Osthaus kaum hinnehmen, also musste er sich wehren. Aber während des Tages hatte er sich offensichtlich ganz normal verhalten, das meldeten jedenfalls die Fahnder, die ihn beschatteten, nichts ließ auf irgendeine Aktion schließen. Trotzdem glaubte Urban, es beinahe körperlich zu spüren, dass der große Knall bevorstand.

»Was liest du da eigentlich?«, fragte Kopke. Er hatte sich auf der Fahrerbank ausgestreckt, lutschte süßes Zeug und hörte Radio.

»Was von Pablo Neruda.«

»Neruda? Nie gehört!« Pitsch Kopke schmatzte.

»Das wundert mich nicht.«

»Hört sich an wie 'n südamerikanischer Fußballspieler, der Name. Ist es wenigstens spannend?«

»Doch, ja. Es ist Lyrik.«

Pitsch Kopke lachte wie ein Ziegenbock. »Du und deine Lyrik. Warum liest du denn ausgerechnet immer Gedichte?«

»Weil sie Nahrung sind für mein Gehirn«, sagte Urban. »Sie machen mich nachdenklich. Ich möchte nämlich nicht verblöden. Reicht das als Antwort?«

»Vielen Dank, Bwana, ich habe verstanden. Gedichte! Ph!«

Urban las halblaut vor: »Wie ich überdrüssig meiner Füße und Nägel bin und meines Haars und meines Schattens! Ich bin es müde, ein Mensch zu sein ...«

Kopke klatschte Beifall. »Kann ich gut verstehen. Du bist ja in Wirklichkeit auch kein Mensch, du bist ein Sklaventreiber. Und wo du das Wort *müde* sagst, ich könnte pausenlos pennen und pennen und pennen.«

In diesem Augenblick schnarrte das Autotelefon.

Mit einem tiefen Seufzer griff Pitsch Kopke zum Hörer und sagte seinen Namen, dann hörte er einer aufgeregten Stimme zu und schrie laut: »Scheiße!«

»Was ist?«, fragte Urban und klappte das Buch zu.

»Sie haben Osthaus verloren.« An einer Bahnschranke sei es passiert, berichtete Kopke. Hartwig Osthaus sei mit seinem Frontera noch weitergedüst, als die Schranke sich schon senkte, die Verfolger mussten stoppen.

»Dann hat er gewusst, dass er beschattet wurde«, sagte Urban. »Läuft ja alles mal wieder supergut. Ich bin umstellt von Dilettanten.«

Pitsch Kopke gab zu bedenken, dass Osthaus doch vermutlich auf dem Heimweg sei, denn er werde schnell zu seiner Tochter kommen wollen. »Dann sehen wir doch gleich seinen Wagen. Bisschen Geduld, Bwana!«

Urban sah die Sache anders. »Warum ist er verduftet, wenn er nach Hause fahren will? Das gibt keinen Sinn. Ich tippe, dass James Grenda Kontakt zu ihm hatte. Telefonisch wahrscheinlich. Über das Handy oder über den Apparat im Auto – was weiß ich! Ruf mal die Leute, die Grenda observieren!«

Pitsch Kopke stellte die Verbindung her, redete eine Weile, hörte zu, fuhr unter der Leselampe mit dem Zeigefinger auf einem Messtischblatt herum und schimpfte dabei wie ein Bierkutscher.

Urban dachte angestrengt nach. Falls James Grenda wieder mit irgendeinem Anschlag gedroht hatte, würde Osthaus in Panik sein. Dann gab es zwei Möglichkeiten. Die eine: Osthaus ging auf Grendas Forderung ein. Die andere: Osthaus würde versuchen Grenda zu finden, obwohl er wusste, dass der gefährlich war. In beiden Fällen schien es keinen Grund mehr zu geben, den Zugriff noch länger hinauszuzögern. Urban wählte mit seinem Mobiltelefon die Zentrale an. Maya Wüllner hatte Bereitschaftsdienst.

»Urban hier. Die Drogenfahnder können ihre Aktion starten. Wir brauchen nicht länger zu warten. Aber dass die das auch exakt koordinieren! Alles gleichzeitig: Tennisclub, die Boutique, das Schiff, die Schweinemästerei. Und alles abstimmen mit den Kollegen in Meppen, verstanden?«

»Verstanden«, sagte Maya Wüllner. »Masthoff wird froh sein, dass die Razzia endlich über die Bühne gehen kann. Ende!«

Auch Kopke hatte sein Gespräch beendet. Er zog Urban in den Lichtkreis und zeichnete mit dem Kugelschreiber eine kurvenreiche Linie ein. »Grendas Fahrtroute. Hier! Ungefähr hier müsste er jetzt sein. Er ist mit dem Porsche unterwegs. Denkst du auch, was ich denke?«

Urban kniff die Lippen zusammen. »Ja, das denke ich auch. Dann wird er also bald hier sein. Aber er kommt offensichtlich von Süden her. Wir müssen zur Rückseite des Gehöftes! Um die Mauer rum gibt's an beiden Seiten Wirtschaftswege für die Fahrzeuge von den Bauern. Du rechtsrum, ich linksrum, klar?«

»Aber kann der Grenda denn von der Rückseite her in das Anwesen rein? Ist da 'ne Tür oder so?«

»Da ist eine kleine Tür, aber die ist dick wie die von 'nem Banktresor. Rein kann er nirgendwo. Der ganze Uhlenhof ist eine Festung. Ich schätze, der will auch gar nicht rein.«

Pitsch Kopke verstand das nicht. »Was will er denn dann?«

»Junge, du kannst blöd fragen! Woher soll ich das denn wissen! Hast du deine Waffe?«

»Klar«, sagte Kopke, »hab ich.«

»Aber spiel nur ja nicht Gary Cooper!«, mahnte Urban.

Das Richtmikrofon sprach an. Knistern zuerst, dann schwach vernehmbar ein Motorengeräusch, das wurde lauter und lauter.

»Los jetzt!«, sagte Urban.

Sie sprangen aus dem Wohnmobil und liefen über die kleine Brücke. Beim Metalltor hastete Pitsch Kopke rechts an der Mauer entlang, Urban rannte auf der linken Seite an der Umgrenzung des Uhlenhofs vorbei. Dass nun auch ein weiterer Automotor zu hören war, dessen Brüllen näher und näher kam, wunderte Urban nicht. Seine Ahnung! Osthaus war Grenda auf den Fersen.

Diffuse Bühnenbeleuchtung war das. Das kalte Licht aus dem Park erhellte auch den Dunstschleier hier draußen. Unwillkürlich musste Urban an theatralische Wallace-Filme denken, als er um die Mauerecke eilte.

Die schwarze Silhouette des Mannes, der vor dem Porsche stand. Der Mann schleuderte etwas, das glühte und zischte und senkte sich jenseits der hohen Mauer ins Hofinnere. Dann dröhnte dumpf die Detonation.

Urban wollte rufen, aber der Frontera lärmte zu laut. Mit voller Wucht knallte der Geländewagen auf den Porsche, schob ihn den schrägen Hang hinunter und schlitterte hinterher. Der Blechhaufen schien zu kreischen und zu wimmern.

Osthaus war abgesprungen und hatte eine Handfeuerwaffe gezogen. Pistole? Revolver? Urban konnte es nicht erkennen. Die beiden Männer standen ungefähr ein Dutzend Schritte voneinander entfernt.

»Polizei!«, rief Urban. »Keine Bewegung!«

Von der anderen Seite näherte sich Pitsch Kopke. »Die Waffe fallen lassen! Oder ich schieße!«

James Grenda spreizte die Arme und stand dann wie erstarrt, aber Osthaus schien die Rufe nicht zu hören. Vielleicht waren sie ihm auch gleichgültig. Er schoss. Grenda schrie schrill und brach zusammen.

Urban und Kopke stürzten heran. Aber mit einer Schnelligkeit, die Urban verblüffte, erreichte Hartwig Osthaus die Stahltür in der Mauer, schloss blitzschnell auf und war nicht mehr zu fassen, als Pitsch Kopke ihm im Hechtsprung nachsetze. Die Tür fiel ins Schloss. Dann prasselte Feuer auf, das Licht färbte sich rot.

»Donata! Donata!« Osthaus schrie den Namen laut und verzweifelt. »Donata!«

Kopke erhob sich fluchend. »Was soll ich tun? Ich kann nicht hinter ihm her!«

Urban hatte sich über James Grenda gebeugt. Der wand sich stöhnend und presste die Ellenbogen an den Körper. Als Urban Grendas Mantel zur Seite schlug, erkannte er sofort die Einschuss-

Stelle am Rippenbogen. Pitsch Kopke hob den Trommelrevolver auf, den Osthaus fallen gelassen hatte.

»Kümmer dich doch jetzt nicht um die Scheißknarre!«, rief Urban. »Rettungswagen mit Notarzt. Und die Feuerwehr. Nun mach schon!«

Kopke griff zum Handy. »Der Osthaus kann uns nicht entkommen. Sein Schlitten ist Schrott.« Er sprach hastig in sein Telefon.

»Pitsch, Moment!«, sagte Urban, als Kopke das Gerät ausschalten wollte. »Falls Wibke Terhoff erreichbar ist, sie soll herkommen. Donata Osthaus wird Hilfe brauchen.«

Grenda zitterte heftig. Urban prüfte den Pulsschlag. Er pochte unregelmäßig. Behutsam streckte Urban die Gliedmaßen des Verletzten, er vermied es, die Lage zu verändern, weil er nicht erkennen konnte, wie und wo die Kugel im Körper steckte. Die Wunde blutete nur mäßig. Ohne Zweifel hatte James Grenda starke Schmerzen.

»Nicht ohnmächtig werden!«, flüsterte Urban.

Kopke beugte sich zu Urban. »Oder hat der Osthaus noch ein anderes Auto?«

»Hat er. Lass das Kennzeichen feststellen. Sie sollen eine Ringfahndung veranlassen. Und die Flugaufsicht in Badwick soll keine Maschine mehr rauslassen, kapiert? – Heh, vielleicht können unsere Leute Osthaus vorn am Tor noch abfangen, falls er sich überhaupt absetzen will.«

In diesem Moment kam nämlich, so schnell das auf dem Hoppelweg nur möglich war, das Auto der Zivilfahnder, die Grenda beschattet hatten, den kleinen Hügel herauf. Die beiden Männer hatten den Feuerschein gesehen. Pitsch Kopke sprach hastig auf sie ein. Die Beamten rannten los zur Vorderseite des Grundstücks. Das Feuer prasselte entsetzlich. Trotzdem konnte Urban das Zähneklappern deutlich vernehmen. Er breitete vorsichtig seinen Mantel über James Grenda.

»Gleich kommt Hilfe«, sagte Urban.

Hatte Grenda das verstanden? Er redete stockend wie zu sich selbst. »Der Sauhund! Dass der mich erwischt hat, der Sauhund. Vorhin ... Vorhin in der Stadt ... Das wär endgültig, hat er gesagt. Dass er den Stoff nicht mehr liefert. Endgültig. Und ich ... Und meine Kunden ... Verdammt! Ich mach dich fertig, du Sauhund, hab ich gesagt. Partner, wir sind Partner ... Aber er will einfach nicht mehr liefern, weil ...« Grenda hatte die Augen geschlossen.

»Weil er herausgekriegt hat, dass auch seine Tochter inzwischen kifft, ja?« Urban spürte wieder den Zorn. »Andere Leute kann man ja bedröhnen, das macht nichts. Aber wenn die eigene Tochter an das Zeug gerät, dann schrillen plötzlich die Alarmglocken. Feine Moral!«

Es sah aus, als lachte James Grenda, doch es war der Schmerz, der sein Gesicht verzerrte.

»Strengen Sie sich nicht an!«, mahnte Urban. »Hören Sie auf zu reden, aber werden Sie nicht ohnmächtig, verstanden?«

Grenda wollte aber reden. »Ich hab den Sauhund ... Ich hab den Sauhund angebettelt. Nix! Ich hab ihn gewarnt. Damit er merkte, dass ich's ernst mein. Blutig ernst, verdammt ...«

Urban sagte leise: »Sie haben das Pferd getötet, Sie haben auf Donatas Wagen geschossen und jetzt haben Sie einen Brandsatz auf die Stallungen geschleudert.«

»Weil der Sauhund mich austricksen wollte.« Grenda hustete mehrere Male, das schüttelte ihn durch. »Und dass er mir vorhin nachgefahren ist ... Nachgefahren aus der Stadt ... Das hab ich nicht gemerkt. Und jetzt, jetzt hat er mich erwischt.« Nun schien Grenda wirklich zu lachen.

Urban hörte aus der Ferne angstvolles Gewieher. Anscheinend war es Matzek gelungen, die Pferde in Sicherheit zu bringen. Flammen züngelten über die Mauerkrone. Rötlicher Rauch voll sprühender Funken quirlte in die Dunkelheit hoch.

»Sie sollten still sein«, sagte er zu Grenda.

»Ich will aber reden. Au, Scheiße, wie das wehtut ... Wie das brennt! Aber ich will reden. Das ist ... Das ist besser für mich.«

»Woher kennen Sie Hartwig Osthaus?«

»Afrika«, murmelte Grenda, »Kongo. Ich ... Ich war da als Söldner. Guter Job, jede Menge Dollars. Hab schwarze Jungs ausgebildet für die Guerilleros. Nette Boys, aber beschissene Kämpfer. Ist ja ... Ist ja auch egal. Da hab ich Osthaus kennen gelernt, aber der hieß damals überhaupt nicht Osthaus.«

»Ich weiß«, sagte Urban leise und wischte kalten Schweiß von Grendas Gesicht. »Der hieß damals Jos van Loewe. Was hat er im Kongo getan? War er auch Söldner?«

»Der nicht.« James Grenda stieß zischelnd Luft aus. »War 'n feiner Pinkel bei den Diamantminen. Sicherheits... Sicherheitschef oder so. Ist dann aber auf einmal abgehauen. Futsch – weg aus Afrika. Und dann ... Und ich ...«

»Nicht aufregen!«, forderte Urban. »Und Sie sind dann auch zurückgekommen aus Afrika und haben ihn hier zufällig getroffen. War's so?«

Grenda nickte leicht. »Ich denk: Da laust mich doch der Affe! Der olle Loewe heißt auf einmal Osthaus und hat 'ne Tochter. Der hatte nämlich keine Tochter. Damals ... Damals im Kongo. War 'n harter Hund als Sicherheitschef, knallhart. Die haben ihn Ntambu genannt, die Minenarbeiter, weil das ...« Er biss sich auf die Unterlippe.

»Weil Ntambu Löwe heißt. In Kikongo.«

»Was du alles weißt, verdammter Bulle!«

Urban dachte: Sie sind überheblich, Herr Grenda, Sie haben mich unterschätzt. Aber das sagte er nicht. »Und dann? Dann haben Sie Jos van Loewe alias Hartwig Osthaus erpresst?«

»Sein Schiff. Mit seinem Schiff ... Da konnte er den Stoff für mich transportieren. Von Emden rauf. Gar kein Risiko. Er wusste dann ja von meinen Geschäften. Gegenseitig ... Gegenseitig konnten wir uns erpressen. Beste Basis für 'ne prima Partnerschaft. Ja? Ist doch so. Aber jetzt hat der Sauhund ... Hat mich einfach ausgetrickst.«

Urban sah im Schein seiner Stablampe den Blutfaden, der aus Grendas Mundwinkel lief. Hellrotes Blut. Das ließ darauf schließen, dass die Lunge getroffen war.

»Ich hör 'ne Sirene!«, rief Pitsch Kopke.

»Wird auch Zeit, dass sie kommen«, knurrte Urban.

James Grenda hatte das Bewusstsein verloren.

»Ob er durchkommt?«, fragte Kopke.

»Du und deine doofen Fragen!« Urban fasste sich an die Stirn. »Woher soll ich das denn wissen?«

Gesichter im Feuer

Donata lag in ihrem Zelt und prägte sich die Sätze der Dankesrede ein, die sie per Telefon an die französischen Freunde halten sollte. Das war nicht die Wirklichkeit, das sollte eine Übung im Französischkurs sein, sie spielten ein Sandkastenspiel zu einer Reise nach Frankreich, die nicht stattgefunden hatte, sondern nur simuliert war. *Chers amis, nous sommes bien rentrés chez nous et nous rappelons toujours les beaux jours que nous pouvions passer dans votre charmante compagnie …*

Dann hörte sie den ohrenbetäubenden Knall, der aus der Richtung kam, wo die Stallung lag. Dass etwas Böses geschehen war, begriff Donata sofort. Dieser grässliche Ton hatte die Stille zerrissen und andere Geräusche ausgelöst. Die Dogge heulte auf in der Diele, Hoppy Matzek brüllte Anweisungen, Grete Matzek kreischte. Donatas Wohnung hatte ja keine Fenster. Also die Treppe hinunter und nachschauen, was passiert war! Donata vernahm dann auch den zweiten harten Ton, nicht so laut wie der Knall. Wie ein kurzes Bellen. Ein Schuss?

Als Donata in den Park eilte, sah sie die Flammenfackel über dem Pferdestall. Sie hörte auch, dass jemand wie in Panik ihren Namen rief. Wieder und wieder. War das Vater? Dann wieder Matzeks Stimme, er hatte die Stalltür aufgerissen, humpelte wie im Veitstanz, wedelte wild mit den Armen und trieb die drei Pferde mit lauten Rufen in den Park hinaus. Die Tiere galoppierten ins Freie, trampelten Büsche und Stauden nieder und wieherten aufgeregt. Irgendwo im Hintergrund des Geländes verschwanden sie im Unterholz.

Noch einmal die Rufe: »Donata! Donata!«

Sie sank zwischen Rosenrabatten in die Knie und starrte erschrocken und gebannt und voll Begierde fast in das Feuer, das wallte mächtig auf in den Windstößen, prasselte und fetzte im Holzwerk, spie Funkenstöße wie ein Drache mit den Rauchwolken in die Höhe.

Feuer!

Das war ein plötzlicher Schmerz, ein Stich ins Gehirn, ein jähes Platzen im Kopf und in den Nerven. Feuer! Auf einmal das klare Bild: kein Hexenring mehr. Die magische Leere in der Mitte hatte sich farbig gefüllt. Das Gesicht. Ein überbelichtetes Bild, aber deutlich zu erkennen: das Unterbewusste in diesem Augenblick im Bewusstsein. Alle Erinnerung, so verschüttet sie auch war, zuckte wie ein Film im Zeitraffer. Donata schrie auf.

Sie schrie: »Mutter!«

Warum hatte sie das Bild der Mutter in all den Jahren nicht sehen können? Es war doch da, es war in ihr – die ganze Zeit! Aber warum war sie so blind gewesen? Was für eine Magie hatte das Bild so lange unsichtbar gemacht? Donata streckte die Arme aus nach diesem Bild im Feuer. Das schöne Gesicht der Mutter. Zärtlichkeit, weiche Hände, sanfte Worte und Lächeln, Geborgenheit – Liebe. Ja, das waren die Augen der Mutter, das war der Mund der Mutter, das war das Haar der Mutter. Klar, schön, voll Ruhe. Aber das Feuer?

Und das andere Gesicht. Der Mann mit dem Bart winkte ihr lachend zu. Starke Arme, ein lustig zwinkernder Blick, der Mund formte lautlos Worte. Vater? Ja, das war doch Vater! Jetzt wieder groß das Gesicht, füllte die Leere des Kreises zwischen Palmen und Schilfgras und blendender Sonne. Oder war das wieder das Feuer, das so grell leuchtete?

Feuer, ja! Überall Feuer. Und da huschten Gestalten durch die Nacht, schwarze Schatten vor dem Feuer. Und das große Haus stand in Flammen, der Boden brannte. Krachend brachen Balken, das Strohdach flog zum Himmel hinauf, da barsten Holzwände und Umzäunungen, Rinder brüllten in Angst. Schüsse fielen. Dunkle Männer mit Macheten schlugen wüst um sich und metzelten alles nieder. Die gellenden Hilfeschreie von Frauen und Kindern verstummten bald. Aber das Geprassel des Feuers hörte und hörte nicht auf.

Donata starrte fasziniert in die Flammen. Dass sich ihre Hände in die dornigen Rosenranken verkrallt hatten, fühlte sie nicht. Feuer! Die Bilder der Erinnerung zogen vorbei. Ein Kind krabbelte. Sie sah sich selber als kleines Kind in weißem Hemdchen durch verbranntes Gras kriechen, als der Pulk der Waffen tragenden Männer grölend davongezogen war. Kein Zweifel, sie war dieses Kind. Aber welchen Namen hatte das Kind? Doch nicht Donata! Wie hatte die Mutter immer gerufen, wenn sich das kleine Mädchen zu weit entfernt hatte vom Haus mit der Ziegenherde oder mit den zwei Äffchen? Sie hatte niemals Donata gerufen. Der Name war falsch! Nein, die Mutter hatte gerufen: *Maria!*

»Ich bin Maria. Ich bin gar nicht Donata.« Ihre eigene Flüsterstimme kam ihr fremd vor. Warum werde ich Donata genannt, wenn ich doch Maria heiße?

Das krabbelnde Kind vor dem Feuer. Das Kind kroch zu der Mutter und verstand nicht, dass die Mutter leblos war. Der Vater lag weiter weg und atmete auch nicht mehr und an seinem Hals klaffte eine tiefe Wunde, aus der floss Blut.

Donata zitterte wie jemand, der schrecklicher Kälte ausgesetzt ist, ihr war aber nicht kalt. Ihr Körper hatte keine Gefühle, alles spielte sich im Kopf ab.

Das Auto rollte aus dem Hintergrund heran. Der Mann stieß die Seitentür auf. Er war nicht ihr Vater, dieser Mann.

»Donata! Schnell, steig ein! Wir müssen weg hier. Nun komm schon, Mädchen!«

»Du bist nicht mein Vater!«

»Ich erklär dir alles, Donata! Bitte, komm her!«

»Nein, ich will nicht!«, rief Donata. Sie kam auf die Füße – irgendwie. Bloß weg von dem Auto, bloß weg von dem Mann, der nicht ihr Vater war. Sie wollte nicht in sein Auto steigen, sie wollte nicht wegfahren, sie wollte im Gras liegen und allein sein mit den alten Bildern, die so erschreckend neu waren für sie.

Sie hörte, dass sich der Wagen entfernte. Den Krampf empfand sie nicht so, wie man etwas Schmerzhaftes empfindet. Ein bisschen Traum, ein bisschen Erschlaffung. Sie wusste nicht, dass das ein Nervenzusammenbruch war. Donata merkte auch nicht, dass Grete Matzek sie in die Arme nahm.

Laterna magica. Aus der Kindheit kannte Hartwig Osthaus diese Bilder, die Bewegungsabläufe vorgaukelten und noch keine richtigen Filme waren. In solchen abgehackten Kurzeinstellungen zog die abendliche Landschaft an ihm vorbei. Er war sich absolut nicht im Klaren, was er nun eigentlich zu tun hatte. Flucht?

Nur ein deutlicher Gedanke trommelte in seinem Schädel. Sie hat gerufen: *Du bist nicht mein Vater!* Sie wusste es wieder. Die Täuschungen waren nicht mehr wirksam. Osthaus sah ein, dass er das Spiel verloren hatte: das Falschspiel. Bloß nicht heulen!, dachte er. Aber er heulte doch, weil er Donata so sehr liebte.

Flucht, irgendwie Flucht also. Wohin? Darauf konnte Osthaus sich nicht konzentrieren. Die zwei Männer, die ihn an der Ausfahrt des Uhlenhofs zu stoppen versucht hatten, waren zur Seite gesprungen, als er gerast kam. Aber er machte sich keine Illusionen. Man würde ihn verfolgen, man würde Straßensperren bauen. Da war jetzt ein Mechanismus in Betrieb, gegen den er keine Chance hatte. Er allein gegen den Apparat der Polizei!

Aber wenn sie nicht wissen, dass ich einen Flieger habe?, überlegte Osthaus. Wenn ich es doch noch schaffe, in die Luft zu kommen? Aber wohin? Da war wieder die Frage, auf die er keine Antwort wusste. Weg! Also gut: einfach weg. Nein, nicht gut, sondern schlecht. Ohne Donata hatte die Flucht doch gar keinen Sinn. Das geschenkte Mädchen! Aber jetzt war er für Donata nicht mehr der Vater, jetzt war er für sie ein Gespenst. Osthaus sah im Rückspiegel, dass weit hinter ihm Blaulicht flackerte. Feuerwehr wahrscheinlich. Oder Rettungswagen. Vielleicht auch beides. Aber James Grenda hatte jedenfalls genau das gekriegt, was er verdient hatte! Er hatte Donata Schaden zugefügt, das darf keiner! Osthaus dachte: Das war keine Rache, das war Strafe.

Eine Viertelstunde brauchte er nur. Auf den Kreisstraßen war wenig Verkehr. Nein, keine Polizei zu sehen. Die Zufahrt zum kleinen Flugplatz war unbeleuchtet, aber die Start- und Landebahn war hell bestrahlt. Das fand Osthaus merkwürdig, denn am Abend wurde die Platzbefeuerung nur eingeschaltet, wenn eine Landung angekündigt wurde oder wenn ein Start bevorstand. Beides kam selten vor, denn fast alle Hobbypiloten, die hier ihre Vögel stationiert hatten, besaßen nur die Schönwetterlizenz und durften ausschließlich bei Tageslicht fliegen.

Knapp drei Dutzend Flugzeuge standen am hinteren Areal neben der Wartungshalle. Aber Osthaus konnte nicht weiterfahren zu seiner Beechcraft, denn die Schranke war geschlossen. Da stand auch ein Mann bei der Flugaufsichtsbaracke und ruderte mit den Armen. Osthaus fluchte in sich hinein. Er überlegte nur kurz, dann lenkte er den Wagen nach rechts in die Wiese hinein, überrollte Büsche und kleine Bäume, dass das Blech der Karosserie jaulte und knirschte. Teile vom Auto brachen ab: Seitenspiegel, Stoßstange. Glas zersprang, dann gingen die Scheinwerfer aus. Es klang wie der Ton eines Gongs, als der Wagen gegen eine Birke knallte. Osthaus fühlte nur einen kleinen Schmerz.

Raus aus der Kiste! Osthaus fasste nach dem Koffer, den hatte er schon vor Tagen vorbereitet, weil er den Ernstfall einkalkuliert hatte. Und nun stand sein Entschluss auch fest: Nach nirgendwo würde er fliegen!

Er hastete durch das niedrige Gehölz. An schnelles Laufen war er nicht gewöhnt, die Lungen stachen. Dass die Zweige seine Haut an den Händen und im Gesicht verletzten und seinen Mantel zerfetzten, merkte er kaum. Er kannte die Stelle, an der man hinter dem Hangar über die Umzäunung klettern konnte.

Ja, ja, Vorhang zu, das Spiel ist aus!

Pitsch Kopke staunte, dass das Wohnmobil eine so gute Straßenlage hatte, dennoch hielt er sich vor jeder Kurve die Hände vor die Augen. Urban steuerte konzentriert und merkte nicht einmal, dass sein Zigarillo nicht mehr brannte.

»Wieso bist du dir so sicher, dass er zum Flugplatz will?«, fragte Kopke.

Urban schlug unwillig mit den Handflächen auf das Lenkrad. »Junge, merk dir mal eins! Ich gehöre zu den wenigen Zeitgenossen, die sich ihrer Sache niemals sicher sind. Kriegst du das in deinen Bonbonschädel? Es ist eine Möglichkeit, weiter nichts. Unsere

Leute haben alle wichtigen Kreuzungen unter Kontrolle, aber Osthaus ist nicht gesichtet worden. Folglich wird er sich über kleine Straßen davonmachen. Bloß käm er nicht weit – allerdings könnte es bis zum Flugplatz klappen. Gib's durch! Der Streifenwagen, der am nächsten an Badwick ist, soll ihn stoppen. Aber in ein paar Minuten sind wir ja auch dort.«

Pitsch Kopke musste ins Autotelefon schreien, weil Urban übermäßig Gas gab.

»Ich hab Sorge, dass Osthaus den Abgang machen will«, sagte Urban, »den ganz großen meine ich. Sein Traumhaus ist eingestürzt.«

»Aber das Mädchen!«, gab Kopke zu bedenken. »Er hängt doch wie verrückt an dem Mädchen.«

Urban antwortete nicht. Darüber dachte er nämlich auch nach. Aber reagierte ein Mann, der in Panik gerät, auch nur halbwegs rational?

Sie erreichten den Flugplatz. Der aufgeregte Mann an der Schranke versperrte ihnen den Weg, schlug sich aber erleichtert auf die Brust, als Urban ihm den Ausweis zeigte.

»Gut, dass Sie kommen!«, rief der Mann. »Osthaus ist mit seinem Mercedes durch die Büsche gebrettert. Ich schätze, er will irgendwie von hinten auf das Rollfeld kommen. Und wo ich doch hier nicht wegkann ...«

»Die Schranke auf!«, forderte Urban. »Wo steht seine Maschine?«

»Dritte oder vierte von links in der Reihe. Ich hab extra die Festbeleuchtung angeknipst.«

»Okay.« Urban fuhr an, als die Schranke sich hob. Er rief durch das Seitenfenster: »Warnen Sie ihn über Lautsprecher: Auf keinen Fall starten.«

Ein Polizeifahrzeug mit Blaulicht und Sirene näherte sich von der Kreisstraße her.

Urban drosch das Wohnmobil über die Startbahn. Da brüllte ein Motor auf. Da begann ein Propeller zu rotieren. Da rollte ein kleines Flugzeug an. Urban fuhr eine gewagte Kurve und setzte seinen Wagen vor den anfahrenden Flieger, dann nahm er allmählich die Geschwindigkeit zurück.

Die Beechcraft wurde schneller.

»Der wird uns rammen!«, schrie Pitsch Kopke.

»Jedenfalls kann er nicht über uns weg abheben«, knurrte Urban. Er beobachtete das Flugzeug im Rückspiegel, das näher und näher kam. »Schieß auf die Reifen!«

»Zu Befehl, Bwana!« Pitsch Kopke turnte vom Nebensitz nach hinten und schob die Seitentür auf. Er legte sich flach auf den Boden und schob sich mit dem Oberkörper vorsichtig nach draußen.

Die Lautsprecherstimme: »Keine Starterlaubnis! Brechen Sie sofort den Start ab! Ich wiederhole …«

Kopke schoss zweimal, dreimal. Er war ein guter Schütze. Die Beechcraft geriet ins Schlingern, hob aber trotzdem in kurzen Hüpfern ein wenig ab, doch der Schub reichte nicht aus.

»Jetzt siehst du, wozu ein Wohnmobil gut ist«, sagte Urban. »Über ein normales Töfftöff käm er weg.«

Die Maschine kippte zur Seite und ratschte mit dem linken Flügel über den Beton. Funken spritzen. Dann drehte sich der Flieger wie ein sirrendes Insekt auf der Stelle, der Motor stotterte, der Propeller trudelte aus. Die Beamtin und der Beamte vom Streifenwagen kamen mit gezogenen Pistolen gelaufen.

Osthaus stieg wie in Trance aus dem Cockpit. Das grelle Licht, die Szenerie eines Gangsterfilms, die durchdringende Abendkälte. Urban schüttelte sich, als er sich dem Flugzeug näherte.

»Sie sind verhaftet, Mijnheer van Loewe. Oder ist es Ihnen lieber, wenn ich Sie Osthaus nenne? Ist ja auch egal. Sie wissen, dass Sie ohne einen Anwalt nicht zu reden brauchen.«

»Handschellen?«, fragte Kopke leise.

Urban schüttelte den Kopf. »Noch nicht.«

Hartwig Osthaus blinzelte gegen das gleißende Licht der Tiefstrahler an. »Sie wissen es also? Der Joker!« Er spuckte aus. »Ich habe Sie unterschätzt.«

»Ich werde manchmal unterschätzt«, sagte Urban.

»Ist der Mistkerl tot?«

»Als der Rettungswagen kam, lebte Grenda noch.«

»Ich hoffe, dass er verreckt!«, fauchte Hartwig Osthaus. »Er hat meine Tochter an den Stoff gebracht. Ich ... Ich musste auf ihn schießen. Verstehen Sie das?«

»Er hat Donata nicht an den Stoff gebracht«, entgegnete Urban, »er hat mit Drogen gedealt, im ganz großen Stil, und Sie haben ihm dabei geholfen. Aber James Grenda war es nicht, der Donata die Joints gegeben hat. Der Auslöser war Silvan Heidenreuther. Überrascht Sie das?«

Osthaus verlor plötzlich ganz und gar die Fassung. Sein Gesicht verzerrte sich, die Bewegungen ähnelten denen eines Epileptikers. »Der? Das kann doch nicht sein! Das weiß ich mit Sicherheit. Heidenreuther ... Heidenreuther hat Donata gefördert. Ihre Kunst ... All die Bilder ...«

Er weiß es mit Sicherheit! Urban dachte: Nicht schon wieder! Wieso redet er sich das ein? »Wir wissen von Ihren Waffenschiebereien und Ihrer Flucht aus Belgien. Dass Sie bei den Diamantenminen in Shaba einen Sicherheitsdienst organisiert haben, das ist uns inzwischen auch bekannt, aber ...«

Osthaus lachte auf. »Ja, erstklassiger Sicherheitsdienst. Alles voll im Griff. Und wenn Arbeiter nach der Schicht schöne Steinchen rausschmuggeln wollten in irgendwelchen Körperöffnungen, dann hatten wir sie sofort am Arsch. Das können Sie wörtlich nehmen. Sicherheitsdienste waren gefragt. Alle hatten spannende Namen. Schakal, Cobra, Krokodil ... Sollte gefährlich klingen. Ahnen Sie, warum ich sofort der Boss war?«

»Klar«, sagte Urban, »wegen Ihres gefährlichen Namens. Ntambu. Aber Sie waren nicht nur gefährlich, Sie waren auch korrupt. Das sehe ich doch richtig, ja? Sie haben sich allerlei Diamanten auf die Seite geschafft.«

Osthaus plusterte sich auf. »Korrupt? Quatsch! Das gehörte zum System. Machten alle aus der Chefetage, will ich mal sagen. Die schönsten Steinchen, die wir den Stinkern abnahmen, rissen wir uns unter den Nagel. Auf diese Weise konnte ich meiner Tochter ja hier auch allerhand bieten.«

Urban nahm die Brille ab und putzte die Gläser mit dem Mantelzipfel. »Ich glaube nicht, dass Donata Ihre Tochter ist, Mijnheer van Loewe. Ich nehme vielmehr an, dass sie das Kind der Eheleute Osthaus ist. Richtig?«

»Aber ich bin ihr Vater!« Osthaus wurde laut. »Reden Sie keinen Müll! Sie ist meine Tochter, denn ich habe sie immer väterlich behandelt, auch wenn ich nicht ihr Erzeuger bin. Wo ist da der Unterschied?«

Pitsch Kopke murmelte: »Das soll ein Mensch verstehen!«

»Was ist aus ihren Eltern geworden?«, fragte Urban.

»Tot, umgebracht, ermordet.« Osthaus legte den Kopf schief, als lauschte er. Oder überlegte er, ob er berichten sollte, was damals geschehen war?

Urban fing den Blick der uniformierten Polizistin ein und der gab eindeutig zu verstehen: Muss ich hier wie eine komische Säulenheilige mit meiner Knarre herumstehen? Kann der Kerl seine Geschichte nicht bei der Vernehmung im Präsidium erzählen?

Doch Urban nahm an, dass Osthaus in diesem Zustand der Erregung mehr von sich mitteilen würde als beim offiziellen Verhör und im Beisein seines Anwaltes. Darum hoffte er darauf, dass dieser Mann weiterredete, auch wenn die Szenerie durchaus etwas vom Klischee eines der sattsam bekannten Fernsehkrimis hatte. Pitsch Kopke war inzwischen in den gekippten Flieger geklettert, hatte den Koffer herausgeholt und die Einstiegsklappen versiegelt.

Osthaus reckte entschlossen den Kopf, als wachte er aus dem Halbschlaf auf. »Sie waren tot. Entsetzlich zugerichtet. Viele Leichen haben wir gefunden. Schwarze Landarbeiter und Kinder und die weiße Frau und den weißen Mann. Und die Tiere von der Versuchsfarm waren abgeschlachtet. Rinder, Schweine, Strauße, Hühner ... Ich war auf Patrouillenfahrt mit zehn Wachmännern. Zwei Camions. Auf dem vorderen Lastwagen hatten wir ein Maschinengewehr. Als wir das Feuer in der Ferne sahen, da wussten wir, dass es dieses Mal die Versuchsfarm erwischt hatte.«

Urban fragte: »Genauer können Sie das nicht erklären? Was bedeutet *erwischt*? Was für Leute waren das, die das Massaker angerichtet hatten?«

Osthaus schnaubte unwillig, als läge die Antwort auf der Hand. »Die üblichen Banden, die durch die Gegend streiften. Marodeure! Plündernde Soldatenhorden, Banditen, so genannte Guerillatrupps, die sich Revolutionäre nannten. Was weiß ich! War doch alles das gleiche Gesocks. In der Brousse, im Buschland draußen, herrschte das Gesetz des Dschungels. Entsetzliche Zustände. Alles war außer Kontrolle geraten. Wir sind dann hingefahren, als wir die Brände sahen, wollten helfen, aber da war nix mehr zu helfen bei der Versuchsfarm. Die Toten haben wir verbuddelt.« Dann spuckte er es fast aus: »Der James Grenda, der hat solche Guerilleros trainiert, hat sich 'ne goldene Nase verdient. Befreiungsfront – hah! Den hatte ich da unten kennen gelernt, den Grenda, aber dass der mich dann hier erpressen würde ...«

»Jetzt lassen sie mich mal kombinieren«, unterbrach Urban. »Sie haben dann die Identität des toten Weißen angenommen. So war das doch, ja?«

»Die Ähnlichkeit!« Osthaus kicherte. »Mir fiel sofort die Ähnlichkeit auf. Der Mann hatte zwar 'nen Vollbart, aber was besagte das schon! Ich hab seinen Pass und noch ein paar Klamotten aus dem brennenden Farmhaus geholt. Die Chance für mich, endlich abzuhauen aus Afrika. Ich war doch beinahe verrückt vor Heimweh nach Europa.«

»Das Mädchen«, sagte Urban, »was war mit dem Mädchen?«

»Ein Wunder.« Osthaus senkte den Kopf. Er wirkte auf einmal sehr erschöpft. »Ein Wunder. Ich hörte das Schluchzen. Das Kind hatten die Mörder am Leben gelassen. Ich hob das Kind auf aus dem Gras. Sie können sich nicht vorstellen, wie das ist, wenn man solch ein hilfloses weinendes Mädchen auf dem Arm hat.«

»Doch«, antwortete Urban leise, »ich kann mir das vorstellen. Sie sollten mich nicht dauernd unterschätzen.«

Osthaus hatte den Einwand gar nicht beachtet. So etwas wie ein glückliches Lächeln stand für Sekunden in seinem Gesicht und machte die Züge weich. »Es war völlig unproblematisch, bei der Botschaft Ausweispapiere für das Kind zu bekommen. Ich war ja mit dem Mädchen nach Kinshasa gefahren. Heimlich. Den Job hatte ich einfach geschmissen. Nur ab nach Europa!«

»Mit 'nem Haufen Diamanten im Gepäck«, knurrte Kopke.

»Donata, die Geschenkte. Ich hab das Mädchen Donata genannt. Sie war ja auch ein Geschenk für mich. Ich hatte sie sofort ins Herz geschlossen und ich liebe ... Ich liebe sie mehr als mich und alles in der Welt. Nur für sie habe ich geschuftet. Ich war ihr immer ein liebevoller Vater.«

Urban sagte hart: »Auch ein liebevoller Vater kann ein Krimineller sein. Handschellen! Es besteht Fluchtgefahr.«

Die Polizistin handelte rasch. Anscheinend war sie erleichtert, dass sie endlich in Aktion treten konnte. Osthaus hielt beinahe teilnahmslos die Hände hin.

Er sagte: »Bei meinem Anwalt habe ich die nötigen Unterlagen hinterlegt. Ich musste ja stets damit rechnen, dass mal was Unerwartetes passiert. Für Donata ist alles geregelt. Sie ist versorgt für die Zukunft.«

»Kann es nicht sein, dass sie ihre Zukunft selber regeln möchte?«, gab Urban zu bedenken. »Wir wissen doch beide, dass sie älter ist als sie ist.«

»Häh?« Pitsch Kopke verstand nicht, was das bedeuten sollte. Er schob sich mehrere Kaugummis in den Mund.

»Er hat sie jünger gemacht.« Urban deutete auf Osthaus.

»Was Sie alles wissen!« Osthaus schien wirklich erstaunt zu sein. »Das musste ich doch! Ich musste ihr klarmachen, dass sie sich unmöglich an ihre Eltern erinnern könnte. Besonders nicht an ihre Mutter. Sie hatte mich, ihren Vater! An all das andere, das einmal gewesen war, sollte Donata nie wieder denken, es sollte in ihrem Leben keine Rolle spielen, es sollte sie nicht belasten.«

Urban überlegte: Hat Osthaus dabei an sich gedacht oder an Donata? Er fand die Antwort nicht, da blieben Zweifel.

Osthaus schrie, als er in den Streifenwagen geschoben wurde: »Aber jetzt weiß sie, dass ich nicht ihr Vater bin! Das Feuer auf dem Uhlenhof! Das hat ihr die Erinnerung zurückgebracht. Und wer ist für das Feuer verantwortlich? Der gottverfluchte James Grenda! Ich bete, dass er krepiert!«

Urban fand diese Wortwahl absurd. »Fahrt mit dem Streifenwagen voraus!«, rief er. »Wir bleiben mit dem Wohnmobil hinter euch!« Er wollte sich ein Zigarillo anzünden, aber das Blechkästchen war leer.

Die Bühne wurde dunkel. Als die Wagen anrollten, schaltete der Mann von der Flugaufsicht sofort die Strahler aus. Urban spürte ein leichtes Stechen hinter den Augen. Er dachte, dass er vielleicht die Sehschärfe überprüfen lassen müsste. Nebelnässe hatte sich auf die Frontscheibe gelegt. Der Scheibenwischer quietschte hässlich.

Nur Märchen gehen gut aus

Zur gleichen Zeit hockte Laurenz im Schneidersitz auf dem Fußboden und hielt sich die Ohren zu. Die Zwillinge zogen in der Diele wieder einmal ihre Michael-Jackson-Show ab. *Killing fields*. Die ganze Wohnung zitterte.

Laurenz mühte sich angestrengt die Gedanken an Donata zu vertreiben. Er hämmerte sich ein: Junge, du musst auch langsam anfangen erwachsen zu werden. Cool, Mann! Er konzentrierte sich auf das Gespräch mit dem Kommissar, das sie geführt hatten, als sie zum Uhlenhof gefahren waren. Wie der mich ausgehorcht hat!, dachte Laurenz. Unheimlich geschickt hatte der das gemacht, so ganz nebenbei, keine großartige Befragung – scheinbar eine Plauderei. Ein cooler Typ, der Kommissar!

Von der Vernunft hatte Kommissar Urban geredet, vom logischen Denken. Laurenz versuchte so etwas durchzuspielen. Vernunft gegen Gefühle. Wer cool ist, hat seine Gefühle unter Kontrolle. Dummköpfe und Weicheier lassen sich von Gefühlen beherrschen. Klar doch! Selbstverständlich ist *Liebe* nur ein Wort. Kann man den Begriff definieren? Kann man nicht. Also ein Wort ohne Bedeutung. Ich liebe Pommes mit Ketschup. Ich liebe das Offensivspiel von Schalke 04. Ich liebe eine Frau. Ich liebe kaltes Winterwetter. Ich liebe leise Blues-Musik. Na und? Das kann man doch auch alles umdrehen, macht doch überhaupt keinen Unterschied! Ich finde Pommes mit Ketschup zum Kotzen. Ich finde das Gekicke der Schalker langweilig, weil ich Fan von Bayern München bin. Ich liebe die Frau vielleicht gar nicht mehr. Ich finde kaltes Wetter beschissen, weil ich mich nach Wärme sehne. Ich finde den Blues doof, denn ich mag das Gekreische von Michael Jackson. – Bitte, das funktionierte doch prima.

Was also ist Liebe?, fragte Laurenz sich in diesem Anfall von Albernheit und Tristesse. Heiße Luft, Liebe ist nichts anderes als heiße Luft!

Nein, es funktionierte nicht prima. Die Gedanken bewegten sich im Kreise. Hexenring. So eine Freundschaft kann doch einfach verplätschern! Laurenz fühlte sich verwirrt und beleidigt und verzweifelt. Aber gab es nicht so etwas wie eine gute Verzweiflung? Der Arzt hatte behauptet, als er den grippekranken, fiebernden Laurenz behandelte, dass eine Krise immer gut sei. Okay, die Krise. Da muss man durch, danach sieht man alles klarer, dann geht man wieder im aufrechten Gang. Mit solchen Überlegungen hockte Laurenz auf dem Fußboden im Schneidersitz und kam sich lächerlich vor.

Gabriel stieß die Tür auf und rief in die ohrenbetäubende Musik hinein: »Äj, Laurenz! Wann lädst du uns denn mal wieder ein? Currywurst oder Döner. Wir bezahlen auch selber.«

»Du störst!«, schimpfte Laurenz. »Hau ab, Gabi!«

»Jetzt fängst du auch an! Du sollst nicht Gabi zu mir sagen, das weißt du genau, du Arschloch!« Im Hechtsprung warf Gabriel sich auf den großen Bruder.

Wie immer unterstützte Michael den Zwillingsbruder. Wenn es gegen den Großen ging, hielten sie zusammen. Laurenz genoss die Rauferei. Sie war Balsam gegen den Frust und gegen die schwarzen

Gedanken. Aber den Heidenreuther, den mache ich noch fertig, dachte er, während er mit den quirligen Brüdern rang.

Maria stand vor der Staffelei und schabte mit der Spachtel die Farbschicht von der Leinwand. Der Ockerton stimmte nicht, die Kontur des Gesichtes stimmte nicht, die Augenpartie stimmte nicht, das Lächeln um den Mund stimmte nicht. Maria gab auf. Sie konnte das Gesicht ihrer Mutter nicht malen, obwohl es in ihrer Vorstellung sehr klar und deutlich war. Fehlte es an der technischen Fertigkeit? War da so etwas wie Scheu? Die leere Mitte des Bildes mit dem Hexenring: Maria hätte so gern diese Leere ausgefüllt, jetzt, wo sie alles wieder wusste, doch sie fühlte sich hilflos.

Dann, es war wie ein Reflex, stach sie mit der Spachtel zu. Wieder und wieder und wieder. Sie hörte erst auf, als die bemalte Leinwand in Fetzen aus dem Keilrahmen hing und das Bild völlig zerstört war. Erleichtert dachte sie: Der Hexenring ist bedeutungslos geworden. Da ist nichts Geheimnisvolles mehr, das mich quält.

Wie träumend ging sie zu ihrem Zelt und ließ sich auf das weiche Fell sinken. Das Holzkästchen rührte sie nicht an. Sie musste auf andere Weise Ordnung in ihre Gedanken und Gefühle bringen, das wusste sie. Zeit brauchte sie, um zur Ruhe zu kommen, aber das würde noch dauern.

Lange war Wibke Terhoff bei ihr gewesen. Beißender Gestank von der verbrannten Stallung war durch alle Ritzen ins Haus gedrungen, das Löschwasser hatte den Geruch noch verschärft. Aber die Pferde waren zum Glück in Sicherheit. Hoppy Matzek hatte sie zu einem Bauern gebracht und Grete Matzek hatte in ihrer Hilflosigkeit immer wieder versucht Schokoladenpudding zur Tröstung anzubieten. Da war es gut gewesen, dass die Polizeipsychologin wie eine Freundin zur Stelle war.

Und sie hatte nicht widersprochen, als Donata trotzig weinend sagte: »Ich bin nicht mehr Donata. Ich bin jetzt wieder Maria. Ich war ja immer Maria!«

»Sicher. Du hattest es nur vergessen.« Wibke Terhoff ging zum Samowar und holte frischen Tee. »Ist doch in Ordnung, wenn wir du sagen?«

Maria lächelte verschämt. »Ist in Ordnung, klar.«

»Manche Leute haben zwei Vornamen. Ob du nicht mal versuchst deine beiden Vornamen in Einklang zu bringen? Du bist ja immer noch derselbe Mensch, du hast nur ein Stück mehr von dir wieder entdeckt.«

Maria berichtete erst stockend, dann hastig von den Bildern, die jäh aus ihrem Unterbewussten ins Bewusstsein zurückgekommen waren. Wibke Terhoff gab Auskunft über das, was zwischen Hartwig Osthaus und James Grenda jenseits der Parkmauer geschehen war. Dann war erst einmal Schweigen eingekehrt, das hatte Maria ein wenig beruhigt.

Aber dann!

Der Mann, der nicht ihr Vater war, der sie großgezogen hatte, der sich als ihr Vater ausgab und den sie stets als Vater angesehen hatte, ohne jeden Zweifel. Was für ein Mann war denn das? Da war doch immer so viel Zuneigung zwischen ihnen gewesen. Er hatte für sie gesorgt, liebevoll, ja, liebevoll, hatte ihr Sicherheit geboten und ein schönes Leben in großer Unabhängigkeit, in Sorglosigkeit, beinahe in Luxus. Aber böse hatte er sie hinters Licht geführt und ihr die Eltern verschwiegen, die frühe Kindheit und das, was damals in Afrika geschehen war. Konnte das denn Liebe sein? Ja? Oder nein? Oder irgendetwas dazwischen? Dieser Mann, der nicht ihr Vater war, hatte sich als Vater in ihr Leben geschmuggelt.

Warum? Warum? Warum?

So entsetzlich viele offene Fragen. Wibke Terhoff würde wiederkommen, um das Gespräch fortzusetzen. Sie wollten gemeinsam versuchen Licht in das Dunkel zu bringen. Der Mann, der nicht mein Vater ist: Wo ist der jetzt wohl?, überlegte Maria. Wie wird das sein, wenn ich ihn wieder sehe? Werden wir uns dann fremd sein? Ich hab ihn doch gern, diesen Mann, der für mich so viele Jahre der Vater war. Und in diese Gedanken drängten sich fast rhythmisch die anderen Gesichter: die schöne Mutter, an die sie sich plötzlich deutlich erinnerte, der bärtige Vater, an den sie sich undeutlich erinnerte.

Das Karussell der Bilder und Gefühle drehte sich immer schneller in ihren Gedanken. Ruhe!, wünschte sie. Nur Ruhe! Oh Falada!

Maria-Donata schloss die Augen und irgendwann, da war Mitternacht längst vorbei, fiel sie in Schlaf.

Milchiges Sonnenlicht am nächsten Morgen. Im Polizeipräsidium herrschte routinierte Betriebsamkeit. Verhöre, Befragungen, Protokollaufnahmen, Identifizierungen über Internet und audiovisuelle Anschlüsse auf Interpolschiene, Faxe hin und her, Besprechungen der verschiedenen Kommissionsleiter, Pressekonferenzen und Medieninformationen aller Art. Bis hinauf ins Innenministerium wollten sich viele Funktionsträger ein Stückchen vom Kuchen abschneiden und einen Schimmer vom Glanz des Erfolges abbekommen. Die Großrazzia gegen den Drogenhändlerring war in der Tat ein Erfolg gewesen.

Urban verachtete dieses gespreizte Gehabe der Wichtigtuer. Die Kriminalpolizei hatte einen Fall aufgeklärt, all die kleinen Teile waren zum fertigen Puzzle zusammengesetzt, und dann erschienen die Herren der oberen Etagen – Damen gab es dort kaum – und bliesen die Trompeten zur Siegesfeier.

Widerwärtig!, dachte Urban. Und war dieser Fall denn überhaupt aufgeklärt? Gab es wirklich so etwas wie Klarheit? Gut, ein Dutzend der Drahtzieher in dieser Dealerkette war gefasst, die Seilschaft hatte ausgespielt, Osthaus war enttarnt, die Beweise lagen auf dem Tisch, in der Szene begann das große Zittern. Aber was tat sich nun in den Köpfen der Randfiguren in diesem Spiel? Welche Beschädigungen blieben? James Grenda war keine Randfigur gewesen. Ob er am Leben bleiben würde, vermochten die behandelnden Ärzte noch nicht zu beurteilen. Urban dachte an das Mädchen Donata. War sie stark genug, diesen plötzlichen Einschnitt in ihr Leben zu verkraften? Und würde der Junge mit der Ledermütze fertig werden mit seinem Liebeskummer? An den erleuchteten Silvan Heidenreuther dachte Urban nur flüchtig.

Erkennungsdienst, Spurensicherung und die beteiligten Dezernate hatten eine Menge Detailarbeit vor sich. Mit Grausen dachte Urban an den Papierkram und die Vorarbeit für die Staatsanwaltschaft.

Er saß mit Pitsch Kopke beim Mittagessen in der Kantine. Sie löffelten Linsensuppe mit Mettwurstscheiben.

»Schmeckt gar nicht mal so besonders schlecht«, meinte Kopke. »Komisch. Erst sah das alles so verdammt mysteriös und undurchschaubar aus und dann war's bloß ein popeliger Fall von Rauschgifthandel. Ntambu! An der Nuss haben wir ganz schön geknackt. Der Wollfaden stammt übrigens tatsächlich von Grendas Skimützchen, hat Lochthowe gesagt. Saubere Beweiskette. Ein völlig klarer Fall.«

Urban teilte Pitsch Kopkes Meinung selbstverständlich nicht. Für ihn gab es keine völlig klaren Fälle. Das sah immer nur so aus. Man klagte an, ein Richter fällte ein Urteil, die Akte wurde geschlossen. Also Schwamm drüber! Vorhang zu, aber alle Fragen offen …

Urban dachte: Sie waren sich alle ihrer Sache so sicher. Jede Menge Gewissheit, nur keine Zweifel, und jetzt haben wir den Salat. »Kennst du die Märchen der Brüder Grimm?«

»Du kannst fragen!« Pitsch Kopke ließ den Löffel in die Suppe fallen. »Kennt doch jeder. Froschkönig, Rotkäppchen, Frau Holle, Schneewittchen, Rumpelstilzchen. Und wie die alle heißen. Hänsel und Gretel.«

»Wer sagt's denn! Und ich dachte immer, du hättest noch nie ein Buch in der Hand gehabt.« Urban klopfte Pitsch Kopke auf die Schulter. »Kennst du auch das Märchen von der Gänsemagd?«

»Gänsemagd? Nee, nie gehört.« Kopke fischte den Löffel aus der Linsensuppe. »Au, schweinig heiß! Wieso fragst du so komische Sachen? Was ist denn so spannend an diesem Märchen?«

»Fällt mir nur so ein. Da wird einer Königstochter übel mitgespielt. Und ihrem Pferd wird der Kopf abgehauen. Das kann übrigens sprechen, das Pferd. Der Schinderknecht nagelt den Pferdekopf dann an eine Mauer. Die Königstochter ist von ihrer Kammerfrau ausgetrickst worden. Sie musste mit ihr die Klamotten tauschen, weil die Kammerfrau nämlich den Prinzen heiraten will. Die arme Königstochter spricht dann immer mit dem Pferdekopf: Oh Falada, da du hangest! Und der Kopf antwortet: Oh du Jungfer Königin, da du gangest, wenn das deine Mutter wüsste, ihr Herz tät ihr zerspringen. – Richtig schön traurig, oder?«

»Der Gaul in dem Märchen heißt wirklich Falada?«

»Ja, der heißt wirklich Falada.«

»Ich wette, die Kleine kriegt dann aber doch noch ihren Prinzen. Im Märchen geht's doch immer gut aus.«

»Klar«, sagte Urban, »sie kriegt ihn. Im Märchen geht es immer gut aus. Leider nur im Märchen.«

Es knisterte in der Lautsprecherbox an der Wand. Dann eine Frauenstimme: »Hauptkommissar Urban! Bitte, kommen Sie sofort zur Einsatzzentrale! Es ist dringend. Ich wiederhole: Hauptkommissar Urban, kommen Sie sofort zur Einsatzzentrale. Es ist dringend!«

»Wollten wir nicht heute mal ganz früh Feierabend machen?«, fragte Pitsch Kopke. »Ist doch Scheiße!«

Urban legte den Löffel hin und stand auf. »Wollten wir. Man darf sich seiner Sache eben niemals sicher sein. Schöne Grüße von Herrn Voltaire!«

Urban schaute zum Fenster. Es hatte wieder zu regnen begonnen. Das machte ihm aber nichts aus. Seine Stimmung war ohnehin schon auf dem Nullpunkt. Auf den Fluren war das Rauchen zwar verboten, aber Urban zündete sich trotzdem ein Zigarillo an.

Jo Pestum, 1936 im Kohlenpott geboren, unternahm lange Reisen und jobbte als Bauarbeiter, Barkeeper, Taucher und Trucker. Später arbeitete er als Karikaturist, Chefredakteur und Verlagslektor. Seit 1970 ist er freiberuflicher Schriftsteller und Filmautor, lebt im Münsterland und schreibt Romane, Kinderbücher, Lyrik, Kriminalromane, Drehbücher und Hörspiele.

Bei Thienemann u.a. bereits erschienen:

Der Hurone
Die Gazelle
Ausgespielt – Ein Joker-Krimi

Die Deutsche Bibliothek – CIP-Einheitsaufnahme

Pestum, Jo:
Zugeschnappt: ein Joker-Krimi/Jo Pestum. –
Stuttgart; Wien; Bern: Thienemann, 1998
ISBN 3-522-17238-8

Einbandillustration: Joachim Luetke
Einbandtypografie: Michael Kimmerle
Satz: KCS GmbH, Buchholz/Hamburg
Druck und Bindung: Friedrich Pustet, Regensburg

5 4 3 2 1*   98 99 00 01